HORST ZIETHEN

KÖLN/Cologne

DIE METROPOLE AM RHEIN

mit Texten von Max-Leo Schwering

Das große Siegel der Kölner Universität (1392)

ZIETHEN-PANORAMA VERLAG

Köln - Stadt mit Gefühl

Touristen, die aus aller Welt der alten Römerstadt am Rhein zustreben, spüren immer noch auf Schritt und Tritt ihr Flair, die unvergleichliche Atmosphäre eines durch Jahrhunderte gewachsenen, geschichtsträchtigen Stadtkörpers. Die Römer legten vor über 2000 Jahren mit der Colonia Claudia Ara Agrippinensium, kurz CCAA, den Grundstein dazu. Heute ist Köln eine Millionenstadt. Urbaner Lebensgeist macht sie zur unbestrittenen Rheinmetropole von Weltrang. Immer wieder fiel dieser Stadt eine Vermittlerrolle zwischen Ost und West, Nord und Süd zu. Kaufleute vergangener Jahrhunderte waren solchem Auftrag genauso verpflichtet wie die Messepolitik der modernen Großstadt. Ein erster geschlossener Autobahnring mit höchster europäischer Verkehrsdichte, der Rhein als internationale Wasserstraße und der Konrad-Adenauer-Flughafen in Köln-Wahn bürgen dafür. Brücken haben immer symbolische Bedeutung. Kaum irgendwo sonst wird dies klarer als in Köln.

Unangefochten gilt der Dom als das eigentliche Stadtwahrzeichen. Er wurde 1996 zum Weltkulturerbe proklamiert. Die Kathedrale ist die Hauskirche des Kardinal-Erzbischofes und immer noch Wallfahrtsziel zu den Heiligen Drei Königen. Was wäre Köln ohne den Dom? Die Musikgruppe „Bläck Fööss" lässt im Text ihres Liedes „den Dom in Kölle, denn da gehört er hin". Willi Ostermann komponierte sein „Heimweh nach Köln" schon 1936 und setzte damit der Köln-Sentimentalität wie dem Dom ein musikalisch-literarisches Denkmal.

Cologne – The Vibrant City

Everywhere they go, tourists, who flock to Cologne from all over the world, sense the flair and the unique atmosphere of the old Roman city on the Rhine, that has evolved over the centuries and is still steeped in history today. The Romans laid the foundation stone, as it were, more than 2000 years ago, when they founded Colonia Claudia Ara Agrippinensium. Today, Cologne is a city of a million inhabitants. Its urbane culture makes the undisputed Rhenish metropolis a genuinely cosmopolitan city. It has a long tradition as a mediator between East and West, North and South. The merchants of days gone by fulfilled this task, as the modern trade fair centre does today. The motorway ring, the first in Europe, the Rhine, an international waterway, and the Konrad Adenauer Airport underline that fact. Bridges always have symbolic significance. Nowhere is this more true than in Cologne.

The Cathedral is the city's undisputed landmark and symbol. In 1996 it was named a world cultural heritage site. The Cathedral is the Cardinal Archbishop's "home" church and a place of pilgrimage at Epiphany. What would Cologne be without the Cathedral? The lyrics of a well-known local song tell us to leave the cathedral in Cologne, where it belongs. Another famous song, "Homesick for Cologne", composed in 1936, is full of similar sentiments and one of many literary and musical celebrations of this great building.

Cologne – Ville de charme

Les touristes qui viennent du monde entier visiter l'ancienne ville romaine sur le Rhin ressentent, à chaque pas, l'atmosphère incomparable d'une cité historique qui se développa peu à peu au fil des siècles. Il y a puls du 2000 ans, les Romains fondèrent Colonia Claudia Ara Agrippinensium (CCAA). Aujourd'hui, Cologne, ville de près d'un million d'habitants, fait sans aucun doute partie des métropoles du monde. Elle a toujours eu un rôle de médiateur entre le nord et le sud, l'est et l'ouest. Une facette de cette fonction, que remplissaient autrefois les corporations de marchands, revient aujourd'hui aux foires internationales de la ville moderne. Cologne est au cœur de l'Europe grâce à son réseau dense d'autoroutes, au Rhin, voie fluviale internationale et à l'aéroport Konrad-Adenauer situé à Köln-Wahn. Les ponts ont toujours été un symbole de communications. Cela est évident à Cologne comme dans bien peu d'autres villes du monde.

Le Dom, ou cathédrale Saint-Pierre, célèbre symbole de Cologne, est inscrit sur la liste du patrimoine mondial culturel depuis 1996. Il est également l'église du cardinal-archevêque et lieu de pèlerinage où l'on vient adorer les Rois Mages. Que serait Cologne sans son Dom? Il fait tant partie de la vie de ses habitants qu'il a été poétisé et chanté maintes fois au cours des siècles par les artistes locaux. Les « Bläck Fööss », groupe de musique colonais réputé en Allemagne, lui rendent hommage dans une de leurs chansons qui est sur toutes les lèvres lors des fêtes populaires et au carnaval.–

Der Kölner Dom - Südseite
Cathedral – South Side · Cathédrale de Cologne – façade sud

Köln, die Metropole am Rhein, viertgrößte Stadt Deutschlands

Cologne, one of the largest citys o Germany · Cologne, un de plus grande villes de Allemagne

Der Rheinauhafen mit den neuen Kranhäusern – ein neues Stadtviertel mit vielen Anziehungspunkten

The Rheinauhafen – a new district with many attractions · Le Rheinauhafen – un nouveau quartier avec de nombreuses attractions

Mit der Neugestaltung des Rheinauhafens ist ein architektonischer Brückenschlag zwischen den historischen Bauten des Hafens mit hochmoderner Architektur gelungen. Wohnen, Arbeiten und Freizeitgestaltung sind in diesem neuen hochmodernen, sowie spektakulären Stadtviertel und direkt am Rhein möglich. Der Hafencharakter konnte durch verschiedene Elemente erhalten bleiben, was die Gestaltung der drei Kranhäuser eindrucksvoll unterstreicht. Das neue Stadtviertel im Rheinauhafen schafft eine Verbindung zur Altstadt, welche die Matrix des modernen Viertels darstellt.

The redesign of the Rheinauhafen has succeeded in harmonising an ultra modern architectural style with the historic buildings of the Harbour. This spectacular new quarter offers a space for living, working, and relaxing right by the Rheine. The character of the harbour has been preserved by using various elements which impressively emphasise the design of the three Crane Buildings. The new district has also created a link between the Old Town and the area's already long-established Museums like the Sport- and Olympia-Museum and the Schokoladenmuseum.

Le nouvel aménagement du Rheinauhafen est une prouesse architectonique associant les bâtiments anciens du port à une architecture avant-gardiste. Aussi spectaculaire qu'innovateur, ce nouveau quartier donnant sur le Rhin abrite des locaux professionnels, des habitations et des espaces de loisirs. L'aspect caractéristique de port a été conservé grâce aux divers édifices historiques, lesquels mettent encore davantage en valeur les trois immeubles hyper-modernes nommés « Kranhäuser ». Le quartier Rheinauhafen crée désormais une connexion entre l'Altstadt et la zone des musées principaux colonais.

Vom Triangel-Hochaus auf die Kölner Skyline mit der Hohenzollenbrücke – „Brücke der Herzen"
City Skyline and Hohenzollern bridge – "Bridge of Hearts" · Panorama de Cologne avec le pont Hohenzollern – le « pont des amoureux »

Mit den Römern fing es an

Über 500 Jahre lang gehörte Köln zum römischen Imperium und hatte Teil an der hohen Kultur und Zivilisation des Mittelmeerraumes. „Colonia Claudia Ara Agrippinensium" hieß es damals. Um 50 v. Chr. war bereits Cäsar am Rhein gewesen. Einige Jahre später gründete Agrippa, Schwiegersohn des Kaisers Augustus, das „Oppidum Ubiorum" – eine Siedlung mit dem germanischen Stamm der Ubier, woran das „Ubiermonument", ein aus Quadern gefügter Wachtturm unterhalb St. Maria im Kapitol, erinnert. Die mächtige römische Stadtmauer um 50 n. Chr. umschloss einen Quadratkilometer Wohngebiet. Als größte römische Befestigung diesseits der Alpen bot sie 50.000 Einwohnern Sicherheit und wurde zum „ewigen Grundriss" der in späteren Jahrhunderten erweiterten Stadtlandschaft. Tempel zierten das römische Köln. Sueton, der antike Kaiserbiograph, erwähnt einen Kultbau zu Ehren des Mars, in dem man als kostbare Reliquie das Schwert Cäsars bewahrte: jenes Prunkstück, mit dem Vitellius (69 n. Chr.) im Prätorium zum Kaiser erhoben wurde. Dem Mercurius Augustus war ein gallo-römischer Podiumtempel am Rhein geweiht. Lange glaubten die Domgräber damit einen „Vorläufer" der Kathedrale gefunden zu haben. Thermen gab es bei der heutigen Cäcilienkirche. Wie alle römischen Städte kannte Köln Begräbnisstraßen vor der Stadt (via appia). Nach zweihundertjähriger friedlicher Römerherrschaft (100-300 n. Chr.) wurde Köln von rechtsrheinischen Germanenstämmen bedroht. In jener Zeit entstand auf der rechten Rheinseite das „Castellum divitia" (Deutz). Konstantin wird als Erbauer genannt. Ihm verdankt Köln den ersten festen Rheinübergang, eine Pfahljochbrücke, die nicht weit von der jetzigen Deutzer Brücke stand. Der Römerherrschaft folgten dunkle Jahrhunderte der Völkerwanderung. Auch aus dieser Zeit wurden Gräber mit kostbaren Beigaben freigelegt, wie zum Beispiel die Fürstenbestattungen in der Krypta unter dem Dom (um 550).

It all began with the Romans

For over 500 years Cologne was part of the Roman Empire, and thus of the highly developed civilisation of the Mediterranean region. "Colonia Claudia Ara AgrippinensiUM" was its Roman name. Caesar had reached the Rhine in about 50 BC. Some years later, Agrippa, son-in-law of Emperor Augustus, founded "Oppidum Ubiorum", the settlement with the Germanic Ubii tribe. The massive Roman city wall of about 50 AD enclosed an area of about one square kilometre. As the largest Roman fort north of the Alps, it gave protection to some 50,000 inhabitants and became the "ever-lasting ground plan" of the city that developed over the succeeding centuries. Temples adorned the city. Suetonius, the imperial Roman biographer, mentions a place of worship dedicated to Mars in which Caesar's sword was preserved as a precious relic. It was the showpiece with which Vitellius (69 AD) was anointed Emperor in the Praetorium. The temple of Mercurius Augustus, raised in Gallo-Roman style, was situated close to the present Cathedral. For a long time those excavating the site of the Cathedral thought they had uncovered an early church, predecessor to the Cathedral. There were thermal baths near the present church of St Cecilia. The beautiful mosaic of the philosophers was discovered here over a century ago. This may have been part of a lavishly decorated philosophy school. Like all Roman cities, Cologne had its Via Appia, its burial road. After 200 years of peaceful Roman rule (about 100-300 AD), Cologne was threatened by Germanic tribes on the east bank of the Rhine. Castellum divitia (Deutz) dates from this period. Constantin is considered responsible for its construction. It is thanks to him that Cologne got its first fixed Rhine crossing, a pile trestle bridge which stood not far from the present Deutz bridge. Roman rule was followed by the dark ages of the migration of the peoples. Burial places from this period have also been discovered with precious burial gifts, for example the royal tombs in the Cathedral crypt.

Tout commença avec les Romains

Cologne appartenaint durant plus de 500 ans à l'Empire romain, profitant ainsi de la haute civilisation qui régnait dans l'espace méditerranéen. À cette époque, la ville s'appelait « Colonia Claudia Ara Agrippinensium ». Jules César était déjà venu sur le Rhin vers 50 avant Jésus-Christ. Quelques années plus tard, Agrippa, le gendre de l'empereur Auguste, fonda « l'Oppidum Ubiorum » (colonie de la tribu germanique des Ubiens.) Vers 50 après Jésus-Christ, l'enceinte romaine entourait un km² d'habitations. La plus grande fortification romaine au nord des Alpes offrait un abri sûr à 50.000 habitants et devint le plan d'orientation de la ville dans les siècles suivants. La ville avait plusieurs temples. Sueton, biographe impérial romain, mentionne un lieu de culte où est vénéré Mars et qui renferme une relique précieuse: une épée de César avec laquelle Vitellius (69 après Jésus-Christ) fut élevé à la dignité d'empereur dans le praetorium. Le temple gallo-romain de Mercure s'élevait près de la cathédrale et fut longtemps considéré comme un « prédécesseur » du Dom. Les thermes se trouvaient à proximité de l'église Sainte-Cécile. C'est au même endroit que fut découverte, au siècle dernier, la belle mosaïque des Philosophes qui appartenait sans doute à une riche école de philosophie Comme toutes les cités romaines, Colonia avait une « Via Appia », une voie extra-muros où l'on enterrait les morts. Après 250 années de domination romaine paisible, des tribus germaniques de la rive droite du Rhin, menacèrent la cité. c'est de cette époque que date le « Castellum divitia », de Deutz sur la rive droite, sans doute construit par Constantin. Cologne lui doit également le premier pont sur le Rhin, un pont sur pilotis qui franchissait le fleuve près de l'actuel pont de Deutz. Les siècles sombres des grandes invasions des barbares succédèrent à la domination romaine. On trouva des tombeaux de cette période, renfermant de précieux objets funéraires. L'un d'eux est la tombe d'un prince située dans la crypte de la cathédrale.

Noch heute ist im Kölner Stadtplan das Straßenraster der römischen Colonia aufzuspüren, mit der Hohe- und Breitestraße, der Schilder- oder Sternengasse. Mittelpunkt war das Forum, das vielleicht unweit des Gürzenichs lag. Als Sitz von Verwaltung und militärischem Kommando galt das Prätorium, die Residenz des kaiserlichen Statthalters, das in Resten 1953 freigelegt und unter dem „Spanischen Bau" des Rathauses zum Teil konserviert wurde. Umfangreiche, fast luxuriös ausgestattete Wohnbezirke des römischen Kölns wurden von Archäologen am Dom entdeckt.

The road network of Roman Colonia can still be identified today, for example in the Hohe and Breite Strasse, as well as Schildergasse and Sternengasse. The forum was the focal point, probably located not far from the Gürzenich. Remains of the Praetorium, residence of the imperial governor and seat of the military command and the administration, were excavated in 1953 and partially preserved under the "Spanish" part of the City Hall. Extensive, almost luxurious residential areas of Roman Cologne have been discovered by archaeologists in the vicinity of the Cathedral.

Aujourd'hui encore, on peut reconnaître le réseau des rues de la Colonia romaine sur le plan de Cologne, par ex. les rues Hohestrasse et Breitestrasse, la Schildergasse et la Sternengasse. Le cœur de la cité était le Forum qui devait se trouver près du Gürzenich actuel. Le praetorium, résidence du proconsul, était le siège de l'administration et du commandement militaire. Des vestiges furent mis au jour en 1953; on peut encore en voir quelques-uns sous l'Ancien Hôtel de Ville. Les archéologues découvrirent plusieurs villas romaines luxueuses à proximité de la cathédrale.

Alter Römerturm mit Blick zum Dom, original römische Straße am Dom

Old Roman Tower with a Cathedral view, the original roman Road · Ancienne tour romaine avec vue sur la cathédrale, vestige d'une voie romaine

Das Römisch-Germanische Museum darf sich Schaufenster einer wichtigen Kölner Zeitspanne nennen. Seine Steindenkmäler, Mosaike und kostbaren Glasprodukte aus Kölner Manufakturen sowie Dokumente der römischen Alltagswelt fügen sich zum faszinierenden Bild einer längst untergegangenen Epoche. Auf dem Mittelbogen des römischen Nordtores ist das CCAA zum Gütezeichen geworden. Beim Museumsneubau kam ein antikes Straßenstück in grob geschlagenen Basaltblöcken zum Vorschein, über das der Köln-Besucher flanieren darf (Bild rechts).

The Roman-Germanic Museum is the showcase of an important period in Cologne's history. Its stone monuments, mosaics, precious glass artefacts produced in Cologne and documents from everyday Roman life create a fascinating picture of an epoch long past and yet still vibrantly alive. The CCAA on the central arch of the Roman North Gate has become a hallmark. During extension work, an ancient piece of road made of rough-hewn basalt blocks was unearthed, which visitors to Cologne can now stroll along.

Le « Römisch-Germanische-Museum » raconte une page importante de l'histoire de Cologne. Ses monuments en pierre, ses mosaïques, ses précieuses verreries fabriquées dans des manufactures de la cité, et d'autres témoins du quotidien des Romains révèlent l'image fascinante d'une époque révolue et pourtant encore très vivace. Le CCAA inscrit au centre de l'arc est devenu le label de qualité des produits colonais. Lors de la construction du musée, un tronçon de voie antique fut mis au jour. Aujourd'hui, tout le monde a le droit de flâner sur les gros pavés de basalte.

Mittelbogen des römischen Nordtores im Römisch-Germanischen Museum

Central Arch of the roman North Gate, the Romano-Germanic Museum · Arche centrale de l'ancienne porte septentrionale romaine au Musée romain-germanique

Paradeexponate im Römisch-Germanischen-Museum sind das Dionysosmosaik und der Grabturm des Lucius Poblicius. Das Mosaik wurde 1941 entdeckt. Es ist ein prachtvoller, mit reicher Szenerie geschmückter, über 70 m^2 großer Fußboden aus Kalk, Terra sigillata oder winzigen, schillernden Glassteinchen komponiert. Um 225 n. Chr. datiert, zeigt es Bilder vom Dionysoskult: im Mittelpunkt der Weingott selbst, sich trunken auf einen Satyr (Begleiter) stützend. Am Boden liegt der doppelhenklige Kantharos (Pokal). Das Museum entstand auf den Mauern der römischen Stadtvilla und Standort einer mittelalterlichen Kaiserpfalz.

The museum's showpiece is the Dionysos mosaic, closely followed by Lucius Poblicius' burial tower. The mosaic was discovered in 1941, a magnificent floor of more than 70 square metres, richly decorated and made out of limestone, terra sigillata or tiny, iridescent pieces of glass. Dating from about 225 AD, it depicts scenes from the cult of Dionysos: In the centre, the god of wine himself is leaning on a satyr and his double-handled goblet is lying on the ground. The Museum was built on the walls of a Roman Town House and the site of a Medieval Imperial Palace.

Les plus beaux chefs-d'œuvre que renferme le musée romano-germanique sont la mosaïque de Dionysos et la stèle funéraire de Lucius Poblicius. La mosaïque fut découverte en 1941. D'une superficie dépassant 70 m^2, richement décorée de scènes diverses, elle est composée de calcaire, de « terra sigillata » et de minuscules morceaux de verre étincelants. Elle fut réalisée vers 225 après J.-C. et montre des images du culte de Dionysos: au centre, Bacchus lui-même, ivre et s'appuyant sur un satyre; à ses pieds, on voit une coupe à deux anses renversée. Le musée est bâti sur les fondations d'une villa romaine et sur le site d'un ancien palais impérial féodal

Römisch-Germanisches-Museum, Philosophen-Mosaik

Philosophers' Mosaic · Mosaïque des Philosophes

Das Philosophen-Mosaik ist datiert um 320 nach Christus und war vielleicht der Steinteppich einer Philosophenschule am heutigen Neumarkt, wo auch die römischen Thermen vermutet werden. Die Thematik der Mosaikbilder ist eine Huldigung an die Sieben Weisen der alten Welt. Das Museum an sich ist nicht alleine auf den Standort am Dom festzumachen, sondern erstreckt sich auf die ganze Stadt mit Fundorten an den unterschiedlichsten Stellen, wie das Praetorium am Rathaus oder den Abwasserkanal, Stadtbefestigungen und viele mehr.

The Philosophers' Mosaic, dating from about 320 AD, may have been the floor in a philosophy school on the site of the present-day Neumarkt, where the thermal baths are also assumed to have been. The mosaic images represent a homage to the Seven Wise Men of the ancient world. The Museum is not confined to just one location near the cathedral, but has various sites throughout the whole city, including the Praetorium, the Town Hall, the Sewers, the City Fortifications, and many more.

D'après les scènes qui la décorent, la mosaïque des Philosophes (vers 320 après J.-C.) constituait sans doute le pavement d'une école de philosophie qui se dressait au Neumarkt actuel. La thématique des images est un hommage aux « sept sages » de l'Antiquité. Outre ses mosaïques, le musée abrite un grand nombre d'objets précieux dont de magnifiques verreries romaines. Le musée n'est pas seulement l'édifice près de la cathédrale, mais comprend aussi divers endroits dans la ville. Le Praetorium près de l'hôtel de ville, les canalisations romaines, les vestiges de l'enceinte de la ville en font par exemple partie.

Römisch-Germanisches Museum, Römisches Poblicius-Denkmal

Romano-Germanic Museum, Roman Monument to Poblicius • Musée romain-germanique, monument romain de Poblicius

Über vierzehn Meter hoch ist dieser Grabturm des Veteranen Lucius Poblicius. Er kam unweit der Severinstorburg als Zufallsfund 1964 ans Tageslicht. Danach begann die mühevolle Wiederherstellung der „Tempelfront", der Figuren, des hohen Sockels und der Schriftzeilen. Heute steht das Denkmal im Römisch-Germanischen Museum. — Das Römisch-Germanische-Museum verfügt über die weltweit größte Sammlung römischer Gläser. Unter den Kostbarkeiten römischer Glaskunst seien nur zwei besonders prächtige auf der Seite 15 vorgestellt: ein Schlangenfadenglas und Diatretbecher.

The burial tower of Lucius Poblicius, a veteran soldier, is over 14 metres tall and was unearthed not far from the Severin Gate fort. The reconstruction began of facade, figures, plinth and script. — The Romano-Germanic Museum boasts the world's largest collection of Roman glasses. On page 15 two particularly splendid examples of the Roman glass treasures are depicted: the snake glass and the vasa diatreta.

La stèle funéraire du vétéran romain Lucius Poblicius mesure plus de 14 m de hauteur. Le monument qui se dresse aujourd'hui au musée romano-germanique, fut mis au jour près de la porte dite Severinstor et restauré en un long travail minutieux. — Le Musée romain-germanique abrite la plus grande collection de verreries romaines au monde. Deux des plus beaux exemplaires sont montrés page 15: un flacon en verre filigrané et un gobelet en verre diatrète.

Funde aus der Römerzeit in Köln im Römisch-Germanischen Museum

Finds from the Roman period at the Roman-Germanic Museum · Trouve de l'époque romaine dans le musée romain-germanique

Schlangenfadenglas (u.l.), Diatretglas (u.r.)

△ Prätorium, ehemalige römische Statthalterresidenz
Praetorium – former Roman governor's residence
Praetorium – ancien prétoire romain

▽ Cloaca Maxima – römischer Abwasserkanal
Cloaca Maxima – Roman sewer
Cloaca Maxima-égout romain

▽ Grab eines römischen Gutsbesitzers in Köln-Weiden
Tomb of a Roman estate owner ´s family
Tombeau d'un propriétaire terrien romain à Cologne-Weiden

Ausgrabungen unter dem Dom, Portalstufe des früheren Karolingischen Domes

Excavations under the cathedral, site of the former Carolingian cathedral stage · Fouilles sous la cathédrale, marches du portail de l'ancienne cathédrale carolingienne

Im Grabungsbereich des 1953 entdeckten Prätoriums steht das Modell jener repräsentativen Statthalter-Residenz, die an der römischen Ostmauer errichtet wurde und heute zum Kölner Besuchsprogramm gehört. Zumal man von dort auch in den römischen Abwasserkanal, Kölns „Cloaca Maxima", gelangt. Im Westen (Weiden) wurde im vergangenen Jahrhundert die Grabkammer einer römischen Gutsfamilie entdeckt. Seit 1946 wird unter dem gotischen Dom nach den Vorgängerbauten geforscht. Ein erster Großbau war der sogenannte karolingische Hildebold-Dom.

In the area where the Praetorium was excavated in 1953 a model of the impressive governor's residence is built next to the eastern wall. It is a must for visitors to Cologne. It also, for example, gives access to the Roman sewer, Cologne's "Cloaca Maxima". In the last century the tomb of a Roman estate owner's family was unearthed in Weiden, in the west of Cologne. Excavation work has been going on beneath the Cathedral since 1946 to unearth earlier buildings. The so-called "Hildebold Cathedral" from the Carolingian period was the first large building on the site.

Une visite de Cologne doit inclure le site des fouilles où fut découvert le praetorium. On peut y voir une maquette du luxueux palais du proconsul qui se dressait le long du mur oriental de l'enceinte romaine. De là, on rejoint le « Cloaca Maxima », qui faisait partie des égouts romains. La chambre funéraire d'un propriétaire terrien romain fut découverte au siècle dernier dans le faubourg de Weiden. Depuis 1946, des fouilles effectuées sous la cathédrale ont mis au jour des vestiges dont les plus anciens datent du début de l'ère chrétienne.

Zahlreiche Kölner Heiligengeschichten künden von Blutzeugen für den christlichen Glauben. Die legendäre britannische Königstochter Ursula und ihre Gefährtinnen inspirierten zahlreiche Maler. Ein Zyklus aus der Nachfolge Stefan Lochners, 1456 entstanden, zeigt die Legende in Bildern. Ihre Darstellung folgt der literarischen und mündlichen Überlieferung: Ursula wallfahrtet vor ihrer Hochzeit mit dem nicht christlichen Aetherius nach Rom. Aetherius findet dort zum Glauben und wird getauft.

There are numerous legends in Cologne about saints who gave their lifeblood for the sake of their Christian belief. The legendary Britannic king's daughter, Ursula, and her entourage inspired countless artists. A cycle by Stefan Lochner's successors, dating from 1456, depicts the legend in the Church of St Ursula. The depiction follows literary and oral tradition: Ursula goes on a pilgrimage to Rome prior to her marriage to the non-Christian Aetherius. Aetherius converts there and is baptised. (The photo shows Ursula's arrival in Cologne.)

Cologne possède de nombreux saints dont les légendes racontent des sacrifices au nom de la foi chrétienne. La légende d'Ursule, fille de roi anglais, et de ses compagnes, a inspiré un grand nombre d'artistes. L'église Sainte-Ursule abrite un cycle de peintures, réalisées de 1456, d'après les transmissions littéraires et orales de la légende: avant son mariage, Ursule partit en pèlerinage à Rome avec Ethérius qui n'était pas chrétien. Là, il trouva la foi et se fit baptiser. L'image montre l'arrivée d'Ursule à Cologne.

Attila und die Heilige Ursula
Attila and St Ursula · Attila et Ursule

Auf der Rückreise stößt Ursula mit ihrer Schar in Köln auf die Hunnenhorde mit Attila, der die schöne Ursula zur Frau begehrt, was diese jedoch ablehnt. Ursula stirbt daraufhin mit ihren Begleiterinnen und Aetherius den Märtyrertod; so die Kurzfassung. Farbenfreudig wird das Geschehen geschildert. Den Malern gelingen dabei authentische Wiedergaben des damaligen Kölner Stadtprospektes. An den Märtyrertod der Heiligen Ursula mitsamt ihren Gefährtinnen erinnert das Kölner Stadtwappen (elf schwarze Hermelinschwänze oder Flammen).

On the return journey Ursula and her entourage meet Attila and his horde of Huns in Cologne. Attila immediately desires her and wants to marry her, but Ursula refuses. She dies a martyr's death along with her companions and Aetherius. The story unfurled in splendid colour. Included by the painters are authentic depictions of the city as it was at that period. The city's coat of arms with eleven black ermine tails recaptures the martyrdom of St Ursula and her companions.

Sur le chemin du retour, à Cologne, Ursule et sa suite se heurtèrent à Attila et sa horde de Huns. Le roi païen voulut prendre la belle Ursule pour femme, mais elle refusa et mourut en martyre avec Ethérius et les onze mille vierges qui l'accompagnaient. Cette histoire est décrite avec maints détails dans différents récits. Cela permit aux peintres qui illustrèrent la légende de rendre fidèlement la physionomie du Cologne médiéval. Les onze queues noires d'hermine du blason de Cologne évoque le martyre de sainte Ursule et de ses compagnes.

Die romanische Kirche St. Ursula mit der Goldenen Kammer

The romanesque church of St Ursula and the Golden Chamber · Église romane Sainte-Ursule avec la Chambre dorée

Frühe christliche Kölner Kirchen sind oft Märtyrer-Gedächtnisstätten auf römischen Gräberfeldern. So auch St. Ursula. Gesicherte Nachrichten über ein erstes Martyrium liefert die Clematius-Inschrift (um 400). Senator Clematius lässt ein kleines Gotteshaus zu Ehren von Märtyrerjungfrauen wieder aufbauen. Noch ist nicht die Rede von Ursula und ihren Gefährtinnen. Ebenso wenig werden die Hunnen erwähnt. Erst sehr viel später bringt man das Martyrium der Heiligen mit den dort gefundenen Gräbern in Verbindung.

Early Christian churches in Cologne are often memorials to martyrs on the site of Roman burial places. This is also true for St Ursula. The epitaph by Clematius (circa 400 AD) is the first mention of an early martyrdom. Clematius had a small place of worship rebuilt in remembrance of martyred maidens. As yet though there was no mention of Ursula and her companions, nor of the Huns. It is only much later that the martyrdom of St Ursula was linked to the graves found on the site.

A l'instar de Sainte-Ursule, dont l'édification commença au XIIe siècle, les premières églises de Cologne furent souvent des édifices consacrés à des martyrs, construits sur d'anciens tombeaux romains. L'inscription de Clematius (vers 400) est le premier document certifié, évoquant un martyre. Le sénateur Clematius fit d'abord construire une petite chapelle dédiée à des vierges martyres. A cette époque, l'histoire d'Ursule, de ses compagnes et des Huns n'existait pas encore. Ce n'est que plus tard qu'on associa le martyre d'Ursule et les tombes trouvées près de la chapelle.

Die Kölner Stadtheilige St. Ursula im Kölner Dom und der Aetherius-Schrein in St. Ursula

St. Ursula in Cologne Cathedrall, the Shrine of Aetherius at St. Ursula · Sainte Ursule, dans la cathédrale de Cologne, la châsse d'Ethérius à l'église Sainte-Ursule

Die eigentliche Legendenbildung setzte in der Karolingerzeit ein und wächst schließlich zu der uns bekannten, vielfach variierten, dramatischen Fassung. Gleichzeitig begann die Reliquienverehrung. Es gab Knochenfunde auf dem ehemals römischen Friedhof im Umkreis der Ursulakirche. Das Beinhaus der Kirche St. Ursula – als „Goldene Kammer" seit Jahrhunderten von frommen Pilgern besucht – ist ein Beispiel für die Intensität des Kölner Ursulakultes. Auch der Aetherius-Schrein mit den Gebeinen Ursulas Bräutigams, der ebenso einen Märtyertod starb, werden hier aufbewahrt.

The creation of the legend began in Carolingian times and developed into the dramatic core legend, with its many variations, that we are familiar with today. The veneration of relics began during the same period. Bones were found on the former Roman burial grounds in the area around the Church of St Ursula. The church's charnel-house, visited by pilgrims through the centuries and known as the Golden Chamber, is an indication of the intensity of the cult, reinforced by the architectural history of the basilica, especially during the 12th and 13th centuries.

Une statue en bois de Sainte Ursule (XVIe siécle) se dresse dans le croisillon gauche de la cathédrale. La légende de sainte Ursule date de l'époque carolingienne et se modifia au fil du temps pour devenir la version dramatique que nous connaissons aujourd'hui. La vénération de reliques commença avec la découverte d'ossements à proximité de l'emplacement de l' église actuelle. La « Chambre dorée » ossuaire de Sainte-Ursule, est un lieu de pèlerinage depuis des siècles et témoigne de la vénération des Colonais pour la patronne de la ville.

Köln im Mittelalter

Mit dem Ende der Römerherrschaft bleibt als einziger, zukunftsweisender Ordnungsfaktor die Kirche. Die deutschen Könige und Kaiser sehen sich seit Karl dem Großen in der Nachfolge römischer Imperatoren. Unter solchen Prämissen gewinnt auch die alte Römerstadt Köln erneut wirtschaftliche und politische Bedeutung. Unter Erzbischof Hildebold steigt Köln zum Mittelpunkt einer Kirchenprovinz auf. Kölns geistliche Oberhirten werden zur Stärkung der Reichsgewalt auch Stadtherren und sind endlich maßgebende Reichs- und Kurfürsten, wobei Erzbischof Bruno (✝965) eine Schlüsselfigur war, gefolgt von so wichtigen Männern wie den Erzbischöfen Anno, Reinald von Dassel oder Konrad von Hochstaden. Kölns Erzbischöfe, im Besitz sowohl geistlicher als auch weltlicher Macht, bleiben meist unumschränkt Stadtherrscher bis 1288. Damals endete in der letzten großen Ritterschlacht des Mittelalters bei Worringen das erzbischöfliche Regiment. Aus Köln verwiesen, residierten die Erzbischöfe künftig auf Burgen und Schlössern der Nachbarschaft. Schloss Augustusburg in Brühl bei Köln ist bis heute ein Beispiel der aufwendigen Hofhaltung und Baulust.

Mit kaiserlicher Genehmigung errichteten die Kölner Bürger ab 1180 ihre fast unüberwindliche Stadtmauer mit Toren und Türmen, wovon noch einiges an den Ringstraßen erhalten ist. Gegen Ende des 19. Jahrhunderts wuchs Köln über die Beengung der Stadtmauer in rasantem Tempo zur Großstadt. Nach dem Sieg über den Erzbischof hatten zunächst Kölner Patrizier das Sagen, bis sie 1396 das Feld den Zünften überlassen mussten. Die veränderten Herrschaftsverhältnisse wurden mit einer quasi demokratischen Verfassung, dem „Verbundbrief", besiegelt. Ein steinernes Zeugnis der neuen politischen Ordnung ist der 1407-14 erbaute Rathausturm. Zeitweise war Köln die größte und reichste Stadt des Heiligen Römischen Reiches Deutscher Nation.

Cologne during the Middle Ages

The end of Roman rule meant that the only forward-looking guarantee of continuity in society was the church. The German kings and emperors that followed Charlemagne saw themselves as the successors of the Roman emperors. This resulted in growing economic and political importance for the former Roman city of Cologne. Under Archbishop Hildebold, Cologne became the centre of an ecclesiastical province. Cologne's spiritual leaders were made political leaders too, in order to reinforce imperial power, and eventually became authoritative and influential imperial princes and electors. Archbishop Bruno (✝ 965) was a key figure in this respect, followed by important figures such as the Archbishops Arno, Reinald von Dassel and Konrad von Hochstaden. The Archbishops of Cologne, wielding both spiritual and secular power, remained for the most part absolute rulers of the city till 1288. The archbishops' rule ended in the last great knights' battle of the Middle Ages. Exiled from the city, the archbishops resided from then on in palaces and fortresses in the surrounding area. Augustusburg palace near Cologne, in Brühl, is an example of their extravagent lifestyle.

After the granting of imperial permission, the populace of Cologne began to erect the almost insuperable city walls with gates and towers in 1180, remains of which are still to be seen alongside some of the ring roads. It was not till the late 19th century that Cologne grew beyond these narrow confines and rapidly expanded to become a big city. Following victory over the archbishops, Cologne patricians were in charge of city affairs until 1396 when they had to give way to the guilds. The new distribution of power was sealed with a kind of democratic constitution, the so-called "Letter of Integration". The City Hall tower built between 1407 and 1414 is a monument of the new political order. At times, Cologne was the largest and richest city in the Holy Roman Empire of the German Nation.

Cologne au Moyen-Âge

A la fin de la domination romaine, l'Église devint une ligne d'orientation majeure dans la société. Depuis Charlemagne, les souverains allemands se prenaient pour les successeurs des empereurs romains. Par conséquent, l'ancienne ville romaine de Cologne acquit une grande importance économique et politique. Cologne fut d'abord le centre d'un diocèse sous l'archevêque Hildebold. Les chefs spirituels de Cologne obtinrent ensuite les fonctions d'administrateurs de la ville par puissance impériale, avant d'être élevés à la dignité de princes-électeurs d'Empire. Bruno, mort en 965, et plus tard, Rainald von Dassel et Konrad von Hochstaden font partie des archevêques qui marquèrent profondément l'histoire de Cologne. Les hommes d'Église conservèrent leurs pouvoirs temporels et spirituels à Cologne jusqu'en 1288, date de la bataille de Worringen, la dernière grande bataille de chevaliers du moyen-âge. Chassés de Cologne, ils résidèrent désormais dans de magnifiques châteaux qu'ils firent édifier dans les environs de la ville. Augustusburg à Brühl témoigne jusqu'aujourd'hui de la vie fastueuse des princes de l'Église.

A partir de 1180, les bourgeois de Cologne entourèrent la ville libre impériale d'une imposante enceinte avec des tours et des portes dont quelques-unes existent encore. Après la victoire sur les archevêques, les patriciens prirent le contrôle de la ville qu'ils durent céder aux corporations en 1396. Cologne reçut alors une constitution quasi démocratique. Le beffroi (1407-1414) de l'Ancien Hôtel de Ville, témoigne du nouvel ordre politique. Á certaines époques, Cologne fut la ville la plus riche du Saint-Empire romain-germanique. Mais ce n'est qu'à la fin du XIXe siècle qu'elle s'agrandit au-delà des murailles médiévales, pour se transformer en grande ville moderne.

Abbildung der freien Reichsstadt Köln, Ansicht aus dem Jahr 1633 mit der Festung Deutz

The free imperial city of Cologne, the view from 1633 with the fortress Deutz · Le libre impériale ville de Cologne, la vue depuis 1633 avec le forteresse Deutz

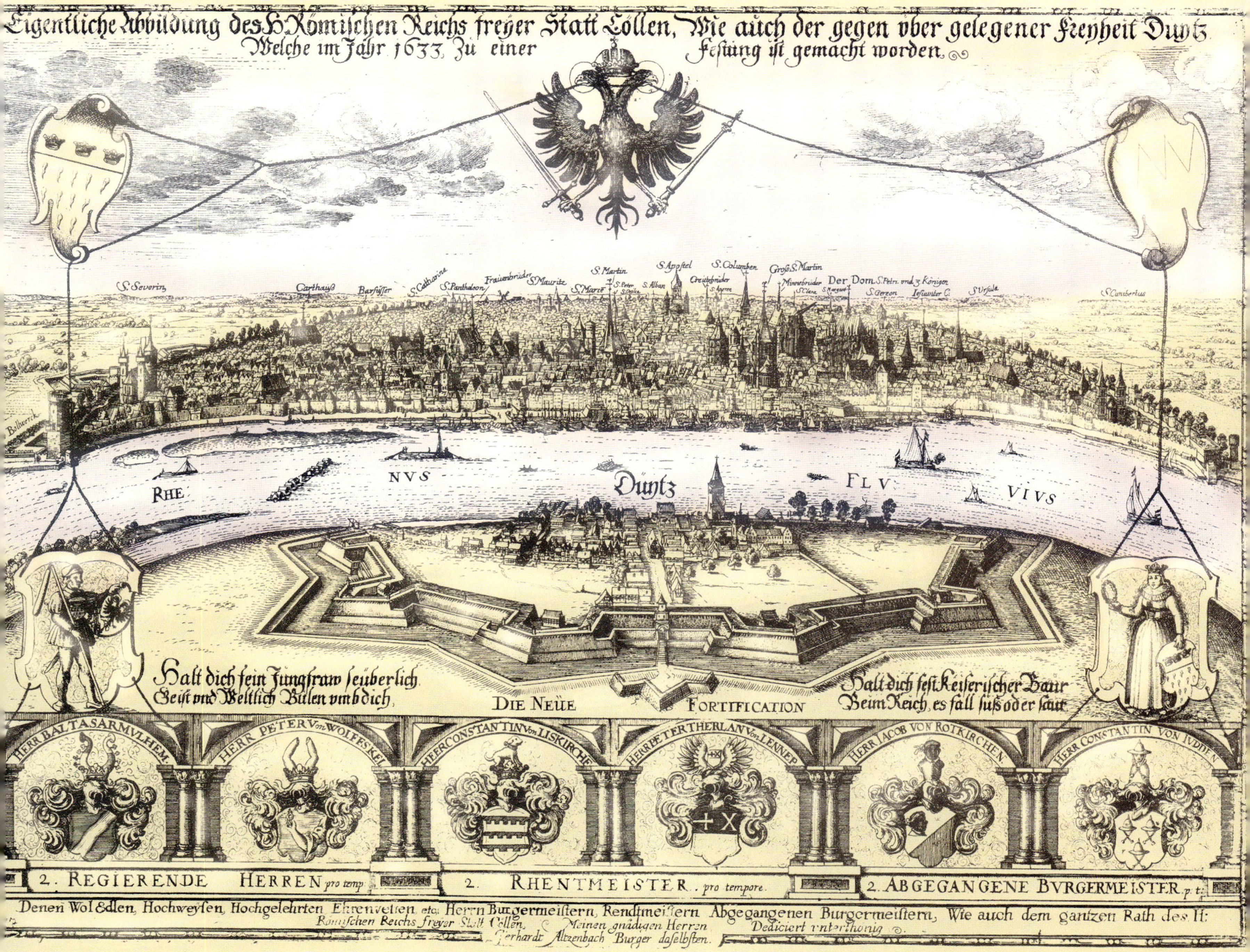

Kölner Kaufmannsschiffe vor dem Stadtpanorama des 18. Jahrhunderts

Navires de marchands colonais et vue de la ville au XVII[le] siècle · Cologne merchant ships before the town panorama of the 18th century

Köln gehörte zum europaweiten Kaufmannsbund der Hanse und besaß in Antwerpen, London, Venedig oder in Nowgorod Kontore. Seine führende Position unter den Hansestädten wurde 1367 mit der „Kölner Konföderation" am Ende des Kriegs gegen Dänemark unterstrichen. Die Kölner Handelsflotte hatte direkten Zugang zum Meer und brachte aus aller Welt kulinarische Genüsse und seltene Gewürze auf die Stadtmärkte und in die Stapelhäuser. Handelsartikel wurden hier ausgeladen und mit dem Gütesiegel der Stadt als Fertigprodukte in alle Himmelsrichtungen verfrachtet.

Cologne was a member of the Europe-wide merchants' organisation, the Hanseatic League, and had offices in Antwerp, London, Venice or Novgorod. Its leading role in the League was highlighted in 1367 by the Cologne Confederation, at the end of war against Denmark. Cologne's fleet of ships had direct access to the sea and brought back culinary delicacies from all over the world, including spices that were kept in the city's warehouses and sold on the markets. Basic commodities and the raw materials needed by craftsmen were unloaded and then shipped all over the place.

Cologne était membre de la puissance ligue marchande de la Hanse et possédait des comptoirs à Anvers, Londres, Venise ou Novgorod. Le rôle joué par la « Confédération colonaise » en 1367, lors de la guerre contre le Danemark, souligne le rang majeur qu'elle occupait parmi les villes hanséatiques. Grâce au Rhin, la flotte marchande colonaise avait directement accès à la mer et rapportait du monde entier de précieuses denrées qui étaient vendues sur les marchés et dans les halles. Les matières premières déchargées au port, repartaient comme produits manufacturés.

Als Symbol einer behäbig vor sich hinträumenden Freien Reichsstadt gilt die im 17. Jahrhundert vom Kölner Rat rekrutierte Söldnertruppe der „Roten Funken", benannt nach dem roten Waffenrock und den weißen Hosen mit schwarzen Gamaschen. Das Aquarell zeigt sie bei ihrem lässigen Wach- und Zolldienst vor dem Severinstor. Wirklich kriegerisch hingegen geht es auf einem Steinrelief an der Ulrepforte zu, das in die Stadtmauer eingelassen ist. Es erinnert an das Jahr 1268, als hier durch Verrat der Erzbischof wieder die Herrschaft über die Stadt erobern wollte.

The Red Sparks, a unit of mercenaries recruited by the city council in the 17th century and named after its uniform (red tunic, white trousers), have become the symbol of the rather phlegmatic, dreamy Imperial City that Cologne had become. This watercolour depicts them on casual guard and customs duty. The stone relief on the Ulre Gate, set in the city wall, is much more warlike. It commemorates the year 1269, when a plot was hatched to shore up and re-establish the archbishops' already threatened rule.

La troupe de soldats recrutées par le conseil municipal de Cologne au XVIIe siècle, devint le symbole de la ville libre impériale où il faisait bon vivre. Les « Rote Funken » (soldats rouges) doivent leur nom à leurs uniformes rouges et blancs. L'aquarelle les montre en train de monter la garde à leur façon. Près de la tour-porte « Ulrepforte », le relief encastré dans un vestige de l'enceinte médiévale présente une scène bien plus guerrière. Il évoque l'année 1269 et plus précisément une page sanglante du conflit qui opposait déjà les Colonais et l'archevêché dont la puissance faiblissait.

Tore und Türme der mittelalterlichen Stadtbefestigung zu Köln

Gates and towers of the medieval fortifications of Cologne · Portes et tours de l'enceinte médiévale de Cologne

△ Eigelstein Torburg (Mitte 13. Jh.), heute ein Veranstaltungsort für Jedermann

▽ Prinzengarde-Turm (um 1200) am Sachsenring, Sitz der Traditionsgarde, einer der 52 Wehrtürme der Stadtmauer

△ Teil einer eheml. Bastion, das Kunibertstürmchen (Anfang 13. Jh.) am Konrad-Adenauer-Ufer, auch „Weckschnapp" genannt.

▽ Gedenktafel an den Überfall auf Köln 1268

△ Hahnentorburg (Anfang 13. Jh.) Domizil der Karnevalsgesellschaft EhrenGarde der Stadt Köln von 1902 e.V.

▽ Sachsenturm am Sachsenring, Sitz der Kölner Funken Artillerie blau weiß von 1870 e.V.

Die größte Stadtbefestigung ihrer Zeit mit einer Länge von 7.500 Meter

The largest fortifications of its time · La plus grande fortification de ville en son temps

◁ Gereonsmühlturm (um 1400) am Gereonswall, dahinter befand sich der Klingelpütz ein Gefängnis, welches nach dem Grundbesitzer benannt wurde. Heute ist hier ein Park.

Serverinstorburg (Mitte 13. Jh.) ist eine von vier noch erhaltenen Stadttorburgen. Am Tor spielte sich wohl einst die Geschichte um Jan und Griet ab, den armen Knecht, der als General wiederkehrt und seiner verschmähten Liebe begegnet, die nun immer noch auf dem Markt Äpfel feil bot. ▷

▽ Ulreforte, eines der kleineren Tore, das als Verkehrsweg keine Bedeutung hatte. Bekannt wurde das Tor durch den Überfall auf Köln und die Vertreibung des Erzbishofs Engelbert II. am 15. Oktober 1268. So blieb Köln unabhängig.

◁ The Gereon Mill Tower (c.1400) at the Gereon wall. Behind the wall, where a park lies today, used to be the Klingelpütz prison.

The Severin Gate Fort (mid 13th c.) is one of the city's four surviving fortified gates. The gate is famous for the tale of Jan and Griet: a poor farmhand leaves and returns as a General, only to find that the girl who once spurned his love as unworthy is still a market apple-seller. ▷

▽ The Ulrepforte is one of the city's smaller, least important gates. It won fame during the invasion of Cologne and the expulsion of Archbishop Engelbert II in 1268, events which allowed the city to retain its independence.

Bayenturm (um 1220), südlicher Eckturm, trutziger Wehrturm der mittelalterlichen Stadtbefestigung, heute Sitz und Universal-Archiv der gemeinnützigen Stiftung „FrauenMedia Turm".

Das Rathaus zu Köln
The Town Hall • Hôtel de Ville

Wie der Dom das geistliche Kölner Zentrum ist, so gehört ins Rathaus die Politik. Der gotische Rathausturm (1414) mit Glockenspiel und Figurenschmuck verkörpert Macht und Freiheit bürgerlicher Selbstverwaltung. Dem Hansasaal ist die Renaissancelaube vorgelagert. Die Laube schuf der Baumeister Wilhelm Vernukken vom Niederrhein. Dieser Anbau sollte auch den Zweck der „Morgenansprachen" des Rates dienen, die von der oberen Balustrade aus abgehalten wurden. Der Spanische Bau des Rathauses gegenüber integriert auch den römischen Stadthalterpalast, das Praetorium, der beim Bau des Gebäudes freigelegt wurde.

Just as the Cathedral is Cologne's spiritual centre, the City Hall is its political one. The Gothic tower (Glockenspiel, decorative figures) has been part of the City Hall since 1414. It embodies the power and freedom of civilian self-government. The Renaissance arcade adjoins the Hanseatic Hall. The Town Hall Loggia, built by architect Wilhelm Vernukken von Niederrhein, played host to the morning address given by the Council from the upper balustrade. Opposite is the "Spanish building", which incorporates the Praetorium (the Roman Governor's Palace), discovered during the building's construction.

Si le Dom est le centre religieux de Cologne, l'Hôtel de Ville est celui de la politique. Depuis 1414, le beffroi de style gothique, haut de 61 m., incarne le pouvoir et la liberté des citoyens. La loggia de style Renaissance fut construite par l'architecte Wilhelm Vernukken, originaire de la région du Niederrhein. Le Conseil municipal s'adressait à la population colonaise depuis la balustrade supérieure de la loggia. En face, la partie moderne de la mairie appelée « Spanische Bau » intègre des vestiges du palais impérial romain et du Praetorium, qui furent mis au jour durant sa construction.

Das Herzstück des historischen Rathauses ist der Hansasaal. Dort manifestiert das Figurenensembel der „Neun guten Helden" (Südwand, um 1350) die christliche Heilsvollendung: über die Antike (Alexander, Hektor, Cäsar), das Judentum (Judas Makkabäus, David, Josua) und die Repräsentanten der Christenwelt (Gottfried von Bouillon, Artus, Karl der Große). Im Obergeschoss des Rathausturmes liegt der Senatssaal, ehemals Tagungsort des Kölner Rates. Für ihn schuf Melchior von Reidt 1599 das reich intarsierte Ratsgestühl. Die Stuckdecke erinnert mit Imperatorenmedallions an die römische Stadtvergangenheit.

The Hanseatic Hall, the Heart of the historic town hall, the upper storey of the City Hall tower houses the senate room, where the city council used to meet. Melchior von Reidt created the richly inlayed stalls in 1599. The stucco ceiling with its imperatorial medaillons recalls the city's Roman past. The adjacent Hanseatic Hall is richly decorated with the figures of the Nine Great Heroes (south wall, circa 1350): Alexander, Hector and Caesar from ancient times; the Jewish figures Judas Maccabaeus, David and Joshua; and the representatives of salvation-bringing Christianity, Gottfried von Bouillon, Arthur and Charlemagne.

La salle du Sénat, où siège le conseil municipal, se trouve au premier étage du beffroi. Melchior von Reidt réalisa les magnifiques bancs en marqueterie en 1599. Les stucs du plafond entourent les médaillons d'empereurs qui rappellent le passé romain. Le mur sud de la salle de la Hanse voisine est décorée d'un ensemble de statues appelé les « Neuf bons héros » et réalisé vers 1350. Les personnages illustrent l'Antiquité (Alexandre, Hector, César), le judaïsme (Judas des Maccabées, David, Josué) et le christianisme (Godfrey de Bouillon, le roi Arthur, Charlemagne).

Der Alter Markt war schon früh ein zentraler Platz, der für den Kölner Markt von großer Bedeutung war. Die Blütezeit konnte beginnen, nachdem durch eine Stadterweiterung, der bereits verlandete Hafen zugeschüttet worden war und damit ein Ort des Handels geschaffen wurde. Immer mehr Geschäfte siedelten sich an und es entstanden die engen Gassen der Altstadt, die sich immer mehr auf den Platz ausdehnten, so dass er Anfang des 13. Jh. unterteilt wurde als Alter Markt und Heumarkt. Bald war der Alter Markt zu klein, so dass bereits 1076 von einem Neumarkt die Rede war.

The Old Marketplace played a central role early on in Cologne's history. Its heyday began after the expansion of the city, during which the already silted-up Harbour was filled in and became a much-frequented place of trade. More and more businesses settled in the area and the narrow alleys of the Old Town began to develop, gradually encroaching on the market square, so that the market was split with the New Market at the start of the 13th century. The Old Market became too small very early on: there was already talk of a replacement as far back as 1076.

L'Alter Markt (Vieux-Marché) fut très tôt une place de marché importante pour le commerce colonais. Sa prospérité commença lorsque le site déjà desséché du port fut entièrement comblé lors de travaux d'agrandissements de la ville. De nombreux commerçants vinrent s'y installer et c'est alors que naquit le quartier de l'Altstadt avec son réseau de ruelles pittoresques qui encerclèrent la place du Heumarkt (Marché aux foins) au début XIIIe siècle. Mais déjà en 1076, le quartier était si étroit qu'il était question de créer un Neumarkt, ce qui fut fait bien plus tard.

Am Ostermannplatz befindet sich das Ehrendenkmal des Heimatkomponisten Willi Ostermann, der Ostermannbrunnen

Die Kallendresser-Figur am Haus "Em Hanen" in der Kölner Altstadt am Alter Markt

Tünnes und Schäl mit dem Rote-Funken Mariechen auf der Bühne des Millowitsch-Theaters fotografiert.

Am Eisenmarkt vor dem Hänneschen-Theater steht das Denkmal des Volksschauspielers Willi Millowitsch (1909-1999).

Tünnes und Schäl spiegeln so gut die Kölner wieder, dass sie zu den Originalen zählen, auch wenn es sie so nie gab.

Die Traditionsfiguren des Puppentheaters Hänneschen (seit 1802), sind die beiden Firguren Bärbelche & Hännesche.

Beliebt bei Nachtschwärmern, Erlebnishungrigen und Feierlustigen – die Kölner Altstadt

Cologne's Old Town: Loved by Night Owls and party animals alike · Le quartier le plus pittoresque de Cologne et rendez-vous des noctambules - l' Altstadt

Um die Altstadt besonders originell kennen zu lernen, bietet die Stadt Köln eine Brauhausführung an. Dabei lernt man nicht nur die Brauhäuser und Biergärten kennen, sondern auch die verschiedensten Sehenswürdigkeiten der Altstadt und dazu die passenden Anekdoten. Bilder von der Salzgasse. Unten links: Mauthgasse

Sehen und gesehen werden auf der Altstadtmeile – extravagante Lokale wie der Streckstrump und Klimperkasten

See and be seen on the Old Mile in extravagant venues · Voir et être vu sur les « scènes » de l'Altstadt – brasseries pittoresques, typiques de Cologne

Köln pulsiert. Diese faszinierende Großstadt, die sich so intim präsentiert, ist ein Plateau für über hundert Nationalitäten, welche diese Stadt beleben und prägen. So ist es nicht verwunderlich, dass sich auch südländische Einflüsse hier heimisch gemacht haben. Daher trinkt der Kölner, und alle, die es mit ihm tun wollen, sein Kölsch im Sommer am liebsten unter freiem Himmel. An einem lauen Sommerabend kann man von einer Freiterrasse zur anderen schlendern, wobei es zählt, zu sehen und gesehen zu werden.

Cologne is a city that pulsates with life. This fascinating metropolis with its relaxed atmosphere is home to over a hundred nationalities, who bring life and colour to the city. It is therefore hardly surprising that in Cologne you can detect a considerable Mediterranean influence, which is why the local people and all those connected with them favour drinking "Kölsch" beer in pavement cafés. It is a pleasant pastime to stroll from one open-air patio to another on a warm summer evening. What counts here is to see and be seen.

Cologne est une ville dynamique et fascinante par son atmosphère où se mêlent l'intime et le cosmopolitisme. La population colonaise est composée de plus de cent nationalités qui ont apporté des influences diverses et marqué la vie de la ville. L'influence méditerranéenne est surtout présente ainsi que le montrent depuis quelques années les terrasses devant les cafés. Aujourd'hui, dès que le temps le permet, les Colonais préfèrent boire leur bière à ciel ouvert plutôt que dans les brasseries traditionnelles. Les terrasses se côtoient sur le boulevards où on vient flâner, se rencontrer, voir et être vu.

Heinzelmännchen-Brunnen an der Domplatte, am Traditions-Brauhaus FRÜH

Elf-fountains on the cathedral square, the traditional brewery FRÜH · Elf-fontaines sur le parvis de la cathédrale, la brasserie traditionnelle FRÜH

„Wie war zu Köln es doch vordem mit Heinzelmännchen so bequem! So erzählt die Geschichte von August Kopisch (1799–1853), wie sich die Kölner um ein paradiesisches Leben gebracht haben. Diese Geschichte wurde bildlich auf dem Heinzelmännchenbrunnen (1899) dargestellt. Ja, der Kölner hat es gerne gemütlich, er feiert ausgelassen und freut sich über jede Ablenkung von einem gar zu strengen Arbeitsleben. Das kann lässt sich beobachten, wenn man einmal in das Kölner Traditions-Brauhaus gleich hinter dem Heinzelmännchenbrunnen geht.

"Once upon a time in Cologne, life was so easy with the Heinzelmen." So goes August Kopisch's poem (1799-1853), which tells of how the people of Cologne lived a life of luxury, helped by a race of little people. The story, depicted on the Heinzelmen Fountain (1899), has a ring of truth: Cologne's residents are said to be very happy to live the easy life, throwing wild parties, and welcoming any distraction from their work. This can be seen in Cologne's traditional brewery, situated just behind the Heinzelman Fountain.

« Qu'on était bien à Cologne quand on avait les nains ! » L'histoire écrite par August Kopisch (1799–1853) raconte comment les Colonais ont perdu la vie paradisiaque que leur offraient les nains qui accomplissaient tous les travaux. La fontaine des Nains dite Heinzelmännchenbrunnen (1899) rappelle cette légende. En effet, Les Colonais apprécient leurs aises, ils aiment fêter sans façon et se détendre après les journées de travail, en se retrouvant par exemple dans une brasserie « gemütlich » comme celle juste derrière la Fontaine des nains.

Hohe Straße und Schildergasse, zwei große Shoppingmeilen von Köln

Hohestraße und Schildergasse: two large Shopping Streets · Hohestraße et Schildergasse, deux grandes rues commerçantes de Cologne

Köln ist ein wahres Shopping-Paradies, die Schildergasse gilt sogar als die meistfrequentierte Einkaufsstraße nicht nur deutschlandweit, sondern sogar in ganz Europa! Wer einen ganzen Tag bummeln will, der kann gleich an der Domplatte beginnen, arbeitet sich über die Hohe Straße und Schildergasse zum Neumarkt vor. Dort gibt es diverse Passagen, die einen Besuch wert sind. Oder man läuft weiter über die Mittelstraße, die parallele Ehrenstraße führt zur Breitestraße, die einen dann wieder zurück zur Ausgangsposition bringt. Ein prall gefüllter Geldbeutel und bequeme Schuhe sind ein Muss für die Exkursion ins Land der Einkaufsfreuden.

Cologne is a true shopper's paradise - the Schildergasse is even considered the most popular shopping street in Europe. If you want to stroll around for a whole day, why not start at the Cathedral Square and work your way over to the Schildergasse and the Neumarkt, where you will find lots of diverse side streets that are well worth a visit. Alternatively, you can walk further down the Mittelstraße and onto the parallel Ehrenstraße, which leads to Breitestraße, taking your trip full-circle. A bulging wallet and comfortable shoes are a must for an excursion into this land of shopping delights.

Cologne est un véritable paradis du shopping. La Schildergasse serait même la rue commerçante la plus fréquentée non seulement de l'Allemagne, mais de toute l'Europe ! Pour faire un circuit « shopping », partez de la place de la cathédrale, suivez la Hohestrasse, puis la Schildergasse jusqu'au Neumarkt avec ses passages et galeries marchandes. Poursuivez ensuite vers la Mittelstrasse et ses boutiques de luxe, puis dans la Ehrenstrasse branchée et prenez la Breitestrasse pour revenir au point de départ. Une bourse bien garnie et des chaussures confortables sont indispensables pour cette excursion, mais on peut aussi se contenter de lèche-vitrines.

Die Schildergasse, die meistfrequentierte Einkaufsstraße in Europa

The Schildergasse is Europe's busiest shopping street · La Schildergasse, rue marchande la plus fréquentée d'Europe

Nicht nur die großen Einkaufsstraßen locken pro Tag Tausende von Kaufwilligen. an. Eine Stadt wie Köln bietet eine Vielzahl von kleinen Straßen, in denen es entzückende Geschäfte gibt, die ein ausgesprochen individuelles Angebot feilbieten. Und bei schlechtem Wetter stehen natürlich die Shopping-Centren wie das Rhein-Center oder die Köln Arcaden hoch im Kurs. Nach einem ausgiebigen Bummel gibt es in der Stadt ein riesiges Angebot an Restaurants jeglicher Art, Eisdielen, Cafés und natürlich die zünftigen Brauhäuser, um sich wieder zu stärken.

The Schildergasse is Europe's busiest shopping street. The thousands of eager shoppers who come every day aren't just attracted by the single street, however: a city like Cologne offers a large variety of smaller streets, where you can find delightful shops selling a unique variety of wares. In bad weather, the Rheine Centre and Cologne's arcades are also very popular. After a long day's walking, you can regain your strength in the city's wide selection of restaurants, ice cream parlours, cafés, and, of course, the welcoming breweries.

Non seulement les grandes artères commerçantes colonaises attirent des milliers de gens, mais aussi d'innombrables petites rues bordées de magasins exclusifs et boutiques de charme qui réjouiront tous les goûts. Par mauvais temps, on peut aller faire les magasins dans des centres commerciaux modernes tels le Rhein-Center et le Köln-Arcaden. Pour se sustenter après le shopping, Cologne offre un choix immense de restaurants, de salons de thé et glaciers, sans oublier les célèbres brasseries et cafés.

Der Gürzenich aus dem 15. Jahrhundert – die gute Stube Kölns

The Gürzenich (15th c.) – where locals have a good time · Le Gürzenich – Salle des fêtes de Cologne depuis le XVe siècle

Der Gürzenich, nach der gleichnamigen Patrizierfamilie benannt, wurde 1441-1447 als Festhalle mitten in die Altstadt gebaut. Mit einem prächtigen Festsaal bot er schon damals den besser gestellten Persönlichkeiten von Köln eine prunkvolle Plattform für ihre Festlichkeiten. Gekrönte Häupter gingen hier ein und aus. Für ca. 300 Jahre wurde das Gebäude dann anderweitig genutzt, bis es seit 1822 wieder zur besten Adresse Kölns zählt. Im Bild sieht man am Ende der Straße das Gründerhaus und Duftmuseum des Urvaters des Eau de Cologne, Johann Maria Farina (1686-1766).

The Gürzenich Festival Hall, named after its eponymous patrician family, was built between 1441 and 1447 in the middle of the Old Town. With a grand ballroom, it was known for giving the who's who of the city - and several royal heads of state - a magnificent venue for their festivities. The building was used for other purposes for around 300 years, before being restored to its former glory as the city's best address in 1822. In the picture at the end of the street, we see the founder and fragrance house museum of the primal father of the Eau de Cologne Johann Maria Farina (1686-1766).

Nommé d'après une famille praticienne colonaise, le Gürzenich fut construit de 1441 à 1447 comme salle des fêtes municipale au cœur du quartier de l'Altstadt. Déjà en ce temps, il offrait un décor grandiose aux festivités de la haute société colonaise. , et accueille toujours de nombreuses manifestations de la vie sociale de Cologne. Au bout de la rue, se dresse la Maison et musée du Parfum Farina, du nom du créateur de la 1er eau de Cologne, Johann Maria Farina.

Der Große Festsaal im Gürzenich

The Grand Ballroom · Grande salle du Gürzenich

Nach seiner fast völligen Zerstörung im Zweiten Weltkrieg wurde der Gürzenich wieder aufgebaut und 1955 wiedereröffnet. Die aufwändige Innenausstattung wurde nicht wieder rekonstruiert, aber dennoch besitzt der Große Festsaal auch heute noch einen ganz besonderen Flair, der sich auf alle Festlichkeiten überträgt. Diese besondere Stimmung wird gerne bei Fernsehaufzeichnungen der Karnevalsveranstaltungen eingefangen und in die guten Stuben der Fernsehzuschauer übertragen.

The Gürzenich was rebuilt after its almost total destruction in the Second World War, reopening in 1955. Although the elaborate interior was not reconstructed, the Great Festival Hall still has a very special atmosphere, which it lends to all the events held here, and which is a favourite of television broadcasts that transmit the events of the Carnival into living rooms across the country.

Le Gürzenich fut reconstruit après avoir été dévasté pendant la Seconde Guerre mondiale et inauguré de nouveau en 1955. L'ancien aménagement prestigieux ne fut pas restauré à l'identique, mais la grande salle des fêtes possède cependant un cachet particulier qui se prête parfaitement aux banquets et aux réceptions. Même sans avoir jamais visité le Gürzenich, tout le monde en connaît l'ambiance puisqu'il accueille les grandes manifestations du Carnaval, retransmises à la télévision.

Am 11.11. um 11:11 Uhr beginnt die „fünfte Jahreszeit" für Köln. Unmittelbar nach Neujahr startet dann die eigentliche Session, mit Sitzungen für Damen und Herren, Galas mit und ohne Kostümen sowie Bällen. Den Höhepunkt erreicht die Session mit dem Straßenkarneval, der an Weiberfastnacht beginnt und mit der Nubbelverbrennung am späten Karnevalsdienstagabend endet. An den tollen Tagen befindet sich Köln in einem Ausnahmezustand, den man einem Auswärtigen nicht erklären kann, man kann ihn nur erleben. Die Lebensfreude, der Trubel, die Stimmung packen Jeden, der „Spass an der Freud" hat.

At 11.11am on 11/11, Cologne's "fifth season" begins. Celebrations start immediately after New Year, with events for women and men, Galas (some costumed), and Balls. The carnival season reaches its climax with the Street Carnival, which begins on Thursday with the Women's Carnival, and ends late on Carnival Tuesday with burning of a "Nubbel" (an effigy of a man). During these fantastic days, Cologne is overrun with an indescribable atmosphere that you just have to experience for yourself. The joie de vivre, the excitement, and the atmosphere are great for those who love to party.

Le 11.11 à 11 h 11 démarre la « cinquième saison « de l'année à Cologne : le Carnaval. En fait, les premiers événements carnavalesques commencent peu de temps après la Saint-Sylvestre : bals masqués, galas, cabarets et soirées humoristiques ont lieu sans relâche jusqu'au « Jeudi des Femmes » qui ouvre le carnaval des rues avec divers défilés culminant dans le grand cortège officiel du Lundi. Pendant les cinq « journées folles », toute la ville est en liesse, la bière coule à flots et on danse dans toutes les brasserie. Les festivités s'achèvent le mardi, à minuit avec des brasiers allumés devant les brasseries pour brûler monsieur Carnaval.

Am Neumarkt mit Blick zur Neumarktgalerie und Schildergasse - Richmodis-Haus

The Newmarket - The Newmarket gallery and Schildergasse – Richmodi's House · Neumarkt, vue sur la Neumarktgalerie et la Schildergasse – Maison Richmodis

Der größte Platz in der Kölner Innenstadt ist der Neumarkt. Hier finden schon seit dem Jahr 1076 Märkte statt. Nicht nur das Handeln hat hier am Neumarkt seinen Platz gefunden hatt, auch Museen, Galerien und Kulturinstitute haben sich angesiedelt. Das Haus, „Zum Papagaei" am Neumarkt 6, mit dem ersten Wendeltreppenturm Kölns, heute Richmondis-Haus genannt, erzählt die Sage von der heimkehrenden scheintoten Gattin. Der Hausherr wollte sie nur wieder aufnehmen, wenn die Pferde auf den Söller rennen, unwahrscheinlich, aber sie sollen es tatsächlich gemacht haben. Daran erinnern die beiden Pferdeköpfe am Turm.

The Neumarkt – the city centre's largest square – has hosted a market since 1076. Shopping isn't the only attraction here, however: Museums, Galleries, and Cultural Institutes have also made the Neumarkt their home. The House "Zum Papagei" ("To the Parrot"), today called Richmond House, boasts both the city's earliest spiral staircase tower, and a strange tale: A wife, thought to be dead, returns home. The Landlord agrees to take her back on condition that their horses run over the balcony. They apparently managed this improbable feat, commemorated today by the two horses' heads on the tower.

Le Neumarkt est la plus grande place du centre de Cologne. Des marchés s'y tenaient déjà en 1076. Outre des établissements de commerce, des musées, galeries et instituts culturels y sont aujourd'hui installés. La maison Richmodis située au 6 du Neumarkt, fut la première de la ville à avoir une tour avec escalier en colimaçon. Les deux têtes de chevaux qui la décorent raconte la légende de l'épouse qui revint à la maison alors que son mari la croyait morte. Il lui dit qu'il ne la reprendrait que si ses chevaux grimpaient jusqu'au balcon ; un exploit pratiquement impossible, mais les chevaux y seraient parvenus.

Blumenmarkt auf dem Neumarkt, Forum der Neumarkt-Galerie

The Flowermarket at the Neumarkt – Neumarkt Gallery Forum · Marché aux fleurs sur le Neumarkt - Forum de la Neumarkt-Galerie

Im Sommer Blumen, im Winter Christbaumkugeln, immer der Saison entsprechend, gibt es Angebote auf dem Neumarkt. Wer es saisonunabhängig möchte, schlendert durch die vielen Passagen und Galerien von Köln, etwa die Neumarkt-Galerie. Glanzvolle Auftritte sind in den edlen Einkaufspassagen zu genießen, Marmor, Glitzer und Glamour locken Schaulustige an die Auslagen, die es zu erwerben gilt. Eine Einkaufslandschaft, die keine Wünsche offen lässt. Mit internationalem Flair, einer eindrucksvollen Architektur und einem großen Kunstverständnis, setzen die heutigen Betreiber der Märkte ihre Konzepte um.

With flowers in summer, and baubles at Christmas, there's always a seasonal offer to be had at the Neumarkt. If you want something non-seasonal, take a stroll through the many passages and galleries, such as the Neumarkt gallery. Everything you need to look fabulous can be bought in the upmarket shopping arcades, where marble, glitz, and glamour combine to lure onlookers in to see the what's on offer. With a combination of international flair, impressive architecture, and a great understanding of art, the owners have laid out a true shopping paradise that will leave no wish unfulfilled.

Fleurs en été, décorations de Noël en hiver, les marchés qui se tiennent sur le Neumarkt s'adaptent aux saisons. Durant toute l'année, on peut déambuler dans la Neumarktgalerie, l'une des plus agréables parmi les nombreux passages et galeries de Cologne. Magasins originaux et boutiques de luxe se succèdent dans les allées couvertes où faire du lèche-vitrines est un véritable plaisir, où le marbre et le verre créent une atmosphère élégante. En misant sur un cachet international, une architecture contemporaine et un regard avisé sur l'art, les exploitants ont appliqué un concept gagnant.

Das Opern- und Schauspielhaus am Offenbachplatz, daneben das Traditionshaus 4711 in der Glockengasse

The Opera House and Theatre, 4711 House at the Glockengasse · Opéra et théâtre municipal à l'Offenbachplatz, Maison 4711 dans la Glockengasse

Ein Zeichen an die Moderne wollte der Architekt Wilhelm Riphahn mit der Neuen Oper am Offenbachplatz 1958 setzen. Viele berühmte Sänger, Dirigenten und Uraufführungen erlebte die Oper bis heute. Nun wird sie umfangreich renoviert und ist bis 2015 geschlossen, die Aufführungen gehen jedoch in andern Quartieren weiter. Später bekommt auch die sehr erfolgreiche Kinderoper ein eigenes Haus. — 1792 bekam das Brautpaar Mülhens eine geheimnisvolle Rezeptur zur Hochzeit geschenkt. Dieses Eau de Cologne gelangte zu Weltruhm. In der Glockengasse befindet sich das Geburtshaus des Duftwassers 4711, welches den Namen der damaligen Hausnummer bekam.

Architect Wilhelm Riphahn wanted to make a modern mark on the city with the New Opera House in the Offenbachplatz (1958). The Opera house has played host to many famous singers, conductors, and opera premieres. It's currently being renovated, and is closed until 2015, but shows carry on in other parts of the city. The successful Children's Opera will also get its very own home in the near future. — In 1792, a newlywed couple received a mysterious recipe as a gift. The recipe was for one Eau de Cologne, which shot to world fame. In the Glockengasse lies the birthplace of the 4711 perfume, named after the building's former street number.

L'architecte Wilhelm Riphahn apporta un édifice moderne à Cologne en 1958 en construisant le nouvel Opéra sur l'Offenbachplatz. Des chefs d'orchestre et chanteurs de réputation internationale s'y sont succédé jusqu'à aujourd'hui. L'édifice est maintenant en rénovation et fermé jusqu'en 2015. Mais les représentations ont toujours lieu dans d'autres endroits. — En 1792, un jeune couple nommé Mühlens reçut la recette secrète d'une eau de Cologne en cadeau de noces. La maison natale de l'eau de Cologne 4711 se trouve dans la Glockengasse. Elle porte le nom du numéro qu'avait alors la maison.

WDR-Arkaden mit Blick in die Breitestraße, Weiberfastnacht beim WDR

WDR Arcades and Breitestraße, the WDR Women's Carnival · WDR-Arkaden avec vue sur la Breitestraße, « Jeudi des Femmes » au WDR

Das Bürohaus der WDR-Arkaden wurde 1996 von rund 350 Mitarbeitern des WDR belegt. Im Erdgeschoss befindet sich eine Ladenzeile und darüber die Zentralkantine des Senders. Der ausdrucksstarke Bau setzt seitdem neue Akzente in Köln und fügt sich in der Verlängerung des gesamten WDR-Komplexes mediengerecht ein. Seit der Gründung des Westdeutschen Rundfunks 1954 hat sich die Medienbranche rasant entwickelt und verändert. Doch die Medienstadt weiß diese Entwicklung mit ihrer kölschen Eigenart souverän aufzufangen und für sich zu nutzen.

In 1996, about 350 employees of West German Radio (WDR) moved into new offices. On the ground floor is a row of shops and a central canteen right above. This striking building, a fitting extension to an already existing WDR complex, has introduced new architectural concepts to Cologne as a counterpart to the new media. Since WDR was founded in 1954, the media sector has undergone rapid change and development, and characteristically, the city of Cologne has proved itself a master in absorbing these technological advances for its own benefit.

Les arcades font partie du WDR, première chaîne télévisée publique allemande. 350 collaborateurs travaillent dans de nouveaux bureaux ; la cantine de la chaîne de télé et des boutiques occupent le rez-de-chaussée. L'édifice à l'architecture marquante est un nouveau site intéressant de Cologne. Il s'est ajouté au vaste complexe du WDR (West Deutsche Rundfunk), créé à Cologne en 1954, qui annonçait le développement de la ville en tant que centre des médias, ce qu'elle est devenue, en se jouant de sa réputation de ville provinciale dans les dernières décennies.

Ring-Karree, die Bar „All Bar One“ und „Alex“ am Hohenzollernring, das Brauhaus Päffgen in der Friesenstraße

The Ring-Karree at the Hohenzollernring and the Päffgen Brewery on Friesenstraße · Ring-Karree sur le Hohenzollernring, brasserie Päffgen dans la Friesenstraß

Das berühmte Schokoladen-Museum, ein Highlight bei den Stadtrundfahrten

The famous Chocolate Museum, a real treat for food lovers · Le célèbre Musée du Chocolat, un plaisir délectable pour les gourmands

Die Kranhäuser im Rheinauhafen bieten luxuriöses Arbeiten und Wohnen auf höchstem Niveau
The "Crane Buildings" in the Rheinauhafen, luxury living and working spaces · L'ensemble « Kranhäuser » – locaux professionnels et grand standing appartements

Blick auf die rechtsrheinische Seite mit dem Tanzbrunnen im Rheinpark, der Kölnmesse, dem Stadthaus und der Lanxess-Arena

The Rheine's right bank with the Rheine park and the Exhibition Centre · Vue sur la rive droite du Rhin aves le Rheinpark et le Parc des expositions

Direkt neben dem Naherholungsgebiet des Rheinparks liegt die Kölnmesse. Mitten in der Kölner Innenstadt bietet die Kölner Messe eine Wirtschaftsplattform so zentral gelegen, dass sie per Flugzeug innerhalb Europas binnen einer Stunde zu erreichen ist. Das Messegelände kann sich als das fünftgrößte weltweit betrachten und bietet modernste Hallen und am Abend eine quirliges Stadtleben. 80 internationale Messen für 25 Wirtschaftszweige, fast 2.000 Kongresse und mehr als 2.5 Mio. Besucher pro Jahr sprechen für einen erfolgreichen Standort rund um den Handel.

Right next to the Rheine Park's recreational area is the Cologne Exhibition Centre. The Centre gives downtown Cologne a fantastic business platform that can be reached by plane from anywhere in Europe within an hour. The Centre is said to be the fifth largest in the world, and offers modern exhibition halls right next to the city's exciting nightlife. With 80 international fairs for 25 trade sectors, nearls 2,000 congresses, and more than 2.5 million visitors each year, the fair's business success speaks for itself.

Le Parc des expositions, qui jouxte le vaste parc bordant le Rhin, est une plaque-tournante de commerce si centrale qu'on l'atteint en une heure d'avion depuis toutes les grandes villes européennes. Le site des expositions est le cinquième plus grand du monde, avec des halls ultra-modernes et une ambiance très animée le soir. Chaque année, il accueille 80 foires internationales de 25 secteurs économiques, presque de 2 000 congrès et 2,5 millions de visiteurs. Des chiffres qui parlent pour l'importance du Parc des expositions de Cologne dans le monde du commerce.

Blick von der rechtsrheinischen Seite, im Vordergrund das KölnTriangle-Hochhaus

View from the right bank of the Rheine, with the Triangle Tower in the foreground · Vue de la rive droite du Rhin, l'édifice KölnTriangle au premier plan

Der Kölner Dom wird nur solange zum Weltkulturerbe gezählt, wie in unmittelbarer Nähe des Doms keine Hochhäuser gebaut werden. Das Bild zeigt im Vordergrund auf der rechtsrheinischen Seite von Köln-Deutz das neue KölnTriangle-Hochhaus, welches auf dieser Seite dem Dom keine Konkurrenz machen kann. Zu der rechtsrheinischen Seite sagt man in Köln „Schääl Sick", die „falsche Seite", aber auch hier sind die Grenzen inzwischen verschwommen. Die Stadt hat sich in alle Richtungen stark ausgedehnt und mit ihrer Weiterentwicklung haben sie alle sehr an Attraktivität gewonnen.

Cologne Cathedral will only remain a world heritage site if no high-rise buildings are built in its direct vicinity. In the foreground the picture shows the new Cologne Triangle skyscraper on the right side of the Rhine of Cologne-Deutz, which poses no competition for the cathedral on this side. In Cologne, people call the Rheine's right bank the "wrong side" ("Schääl Sick" in the local dialect), but the boundaries are becoming blurred. The city has expanded rapidly in all directions, and both sides of the river have become much more attractive.

La cathédrale de Cologne ne pourra rester sur la liste du patrimoine mondial que si la perspective sur l'autre rive du Rhin reste inchangée. L'image montre le quartier de Deutz sur la rive droite où la municipalité à dû renoncer à ériger un ensemble de hautes tours analogue à celle de la Lufthansa. La rive droite du Rhin est surnommée « Schääl Sick » (le mauvais côté) en patois colonais. Mais ce n'est plus exact aujourd'hui. La ville s'est agrandie dans toutes les directions, et la rive droite qui abritait surtout des quartiers industriels et ouvriers, s'est beaucoup développée et a énormément gagné en attractivité.

Erzbischof Heribert gründete im Jahre 1003 die Deutzer Benediktinerabtei, deren Gotteshaus ein Zentralbau nach dem Vorbild von St. Gereon und der Aachener Pfalzkapelle wurde. Deutz galt für Köln als „feindliches Ausland", weil es sich im Besitz des Erzbischofes befand. Immer wieder kam es zu kriegerischen Auseinandersetzungen, wobei die Abtei mehrfach zerstört wurde. Bis 1663 baute man unter Aufgabe der ottonischen Architektur die Kirche neu. Der bedeutende Heribertschrein ist in der nahe gelegenen Kirche Neu St. Heribert hinter dem Hochaltar platziert.

Archbishop Heribert founded the Benedictine Abbey in Deutz in the year 1003, the central church building following the design of St Gereon and the imperial chapel in Aachen. For centuries Deutz remained under the rule of the archbishops. Cologne, strongly fortified, saw its freedom under threat time and again. Again and again there was armed conflict between the city and the archbishop's forces, in the process of which the abbey was destroyed several times. The present church was built until 1663, the Ottonian style being abandoned. The 12th century shrine of St Heribert is housed in the nearby New St Heribert Church above the altar today.

En 1003, l'archevêque Héribert fonda à Deutz un couvent de Bénédictins dont l'abbatiale fut construite d'après les modèles de Saint-Géréon à Cologne et de la rotonde de la cathédrale d'Aix-la-Chapelle. Deutz, situé juste en face de Cologne, sur la rive droite du Rhin, resta un fief de l'archevêché durant des siècles. L'abbatiale fut plusieurs fois détruite au cours de conflits armés entre la ville libre de Cologne et les archevêques. L'église actuelle fut construite entre 1659 et 1663. La châsse de saint Héribert (1170 env.) se trouve aujourd'hui dans la nouvelle église Saint-Héribert, édifiée près de l'ancienne au XIXe siècle.

Klosterkirche Alt-St.-Heribert am Rheinufer

Lanxess Arena, eine der zuschauerreichsten Arenen weltweit

Lanxess Arena, one of the world's most visited arenas · Lanxess Arena, une des plus grandes salles polyvalentes du monde

„Brot und Spiele" war das Motto für die antiken Amphitheater (z.B. Kolosseum in Rom). In Köln wird es nicht anders gewesen sein. Die Dimensionen der Arenen waren früher schon beträchtlich. Und sie sind erweitert worden mit Kölns Glanzstück, der Lanxess Arena, auf der rechten Rheinseite in Deutz. Mit allen technischen Raffinessen ausgerüstet – darunter eine künstliche Eisbahn – lockt ihr reichhaltiges Programm zu Sportveranstaltungen, Konzerten, Schauspiel, karnevalistischem Vergnügungen oder zu Wahlveranstaltungen. Im riesigen Rund sitzen bis zu 20.000 begeisterte Zuschauer.

The motto of the ancient amphitheatres (e.g. the Colosseum in Rome) was "bread and games". It will not have been very different in Cologne. The dimensions of the early arenas were considerable. They have been extended even further in Cologne's latest showpiece, the Lanxess Arena on the right bank of the Rhine in Deutz. Equipped with state-of-the-art refinements, including the artificial skating rink, it offers a varied programme of concerts, theatrical performances, Carnival festivities and is even used for political events. The huge circular auditorium has a seating capacity of up to 20,000.

« Du pain et des jeux » était la devise des amphithéâtres de l'Antiquité (par ex.: le Colisée à Rome). Les arènes romaines de Cologne avaient déjà des dimensions importantes. Mais elles n'étaient sans doute pas aussi impressionnantes que la dernière architecture de Cologne: la Lanxess Arena qui s'élève dans le quartier de Deutz, sur la rive droite du Rhin. Doté des dernières techniques, y compris une patinoire artificielle, l'édifice est la scène de concerts, music-halls, soirées carnavalesques, manifestations sportives ou politiques, auxquels peuvent assister 20.000 personnes.

Stadthaus Köln-Deutz neben der Köln-Arena

Cologne-Deutz Town Hall and Cologne Arena · Maison municipale du quartier de Deutz près de la Lanxess-Arena

Die Römer errichteten 310 eine Rheinbrücke und zum Schutz das Kastell Divitia. Später vernachlässigt, wurde die Brücke nach 500 Jahren abgebrochen, dann fuhren circa 1000 Jahre nur noch Fähren. 1003 wurde das Kastell zur Abtei Deutz, nach langem Streit mit Köln bekam Deutz Stadtrechte. 1583-88 wurde Deutz im Kölner Krieg vollkommen zerstört. Es kam zu Köln und entwickelte sich zu einer regen Industrielandschaft. Bis 1913 entstand die Eisenbahnverbindung durch die Hohenzollernbrücke und Deutz entwickelte sich zu einem wichtigen Teil Kölns.

In 310, the Romans built a bridge to protect the Divitia fort. It was later neglected and torn down 500 years later, and only ferries crossed the river for 1000 years. In 1003, the Castle was given to Deutz Abbey, and Deutz was granted town status after a lengthy dispute. Between 1583-88 Deutz was completely destroyed in the Cologne War. It later joined Cologne and developed into a vibrant centre of industry. By 1913 a railway connection had been built across the Hohenzollern Bridge and Deutz became a vital part of city.

En 310, les Romains érigèrent un pont sur le Rhin et le castel Divitia pour le protéger. Non entretenu, le pont était une ruine quelque 500 ans plus tard. Pendant 1000 ans, on traversa le fleuve à bac. Une abbaye remplaça le castel en 1003 et après un long conflit avec Cologne, Deutz obtint son droit de ville. La localité fut entièrement détruite au cours de la guerre de Cologne qui dura de 1583 à 1588. Rattachée à Cologne, Deutz devint une importante zone industrielle. Jusqu'en 1913, la voie ferrée la reliant à Cologne passait par le pont Hohenzollern. Deutz est aujourd'hui un quartier très animé de la ville.

44
CLAUDIUS THERME
DEVK
80
50

Zoo, Flora und Botanischer Garten sind seit der Bundesgartenschau 1957 durch eine Kabinen-Seilbahn über den Rhein mit dem Rheinpark verbunden. Aus den Kabinen genießen Touristen und Köln-Enthusiasten einen einzigartigen Blick auf das Kölnpanorama. An der Seilbahnstation im Rheinpark liegt eines der schönsten Thermalbäder Europas, die Claudius Therme. Zu Beginn der 1960er Jahre sprudelte das Thermalwasser aus über 364 Metern Tiefe, ein staatlich anerkanntes Heilwasser. Gesundheit, Erholung und Genuss mitten im Rheinpark.

Zoo, Flora and Botanical Gardens have been linked to the Rhine Park by a cable-way since the Federal Garden Festival of 1957. The cars offer tourists and Cologne fans a unique panoramic view of the city. At the Rheine park cable car station is the Claudius Spa, one of Europe's most beautiful Spas. In the early 1960s the water, gushing out from over 364m below, became a famous medicinal treatment. Health and relaxation can be found here, right in the middle of the Rheine park.

Depuis l'exposition horticole de 1957, une télécabine relie la « Flora », le zoo et les jardins botaniques au Parc du Rhin. Ce moyen de transport pittoresque permet de découvrir un panorama magnifique de la ville. Les thermes Claudius sont installés près de la station du funiculaire dans le Rheinpark. Une source thermale jaillit de plus de 364 mètres de profondeur au début des années 1960. L'ensemble thermal reconnu par l'État offre bains en eau curative, soins, saunas, détente et bien-être dans un cadre de verdure.

△ V.l.n.r: Erdmännchen beim Sonnen, tollende junge Amurtiger, nachdenklicher Gorilla, asiatische Elefanten mit Jungtier Rajendra, Flusspferde im Hippodom, Unterwasserwelt des Roten Meeres

MediaPark mit dem 148 Meter hohen Kölnturm

Media Park, 148 Meter-high Cologne Tower · MediaPark avec la tour Kölnturm, haute de 148 mètres

Auf dem Gelände des ehemaligen Güterbahnhofs Gereon entstand bis 2004 der MediaPark, ein Konzept für die Kommunikationsbranche. In dem Baukomplex wird Wohnen, Arbeiten und Freizeit vereint. Das ganze Gelände ist oberirdisch autofrei, der gesamte Verkehr spielt sich unterirdisch ab. Die Anordnung der Gebäude und das bauliche Konzept sorgten für viel Aufsehen, denn die Einbindung des Komplexes als neues Stadtviertel sollte zu einer guten Integration in die jahrtausende alte gewachsene Stadt führen.

Built on the grounds of the former Gereon freight yard, the Media Park is a concept developed by the communications industry. The building complex combines facilities for living, working, and leisure. As all of the traffic has been moved below ground, the entire site is car-free. The arrangement of the buildings and the building concept have generated a lot of excitement as the complex will soon be integrated as a new quarter for the growing city.

Le MediaPark, un concept issu de la branche des communications, fut construit jusqu'en 2004 sur l'ancien site de la gare de marchandises Gereon. La haute tour comprend des bureaux, des habitations et divers locaux destinés aux loisirs. Le site entier est zone piétonnière, la circulation des voitures est souterraine. L'ordre des bâtiments et tout le concept architectural a soulevé maints débats car il s'agissait d'intégrer avec succès un quartier entièrement nouveau à une partie déjà ancienne de la ville.

MUSEUM LUDWIG

Kunst des 20. Jahrhunderts und der Gegenwart

Shipboard Girl von Roy Lichtenstein

RAUTENSTRAUCH-JOEST-MUSEUM

Kulturen der Welt

Steinrelief Piedras Negras aus Guatemala

Bramanen-Stier auf einem Sarkophag, Indones

WALLRAF-RICHARTZ-MUSEUM
Die große klassische Gemäldegalerie

Oben: „Die Zugbrücke" von Vincent van Gogh (1888); unten: Selbstbildnis von Paul Rubens um 1602

KOLUMBA, Kunstmuseum des Erzbistums Köln
mit der integrierten Andachtsstätte der Marienkapelle St. Kolumba

Oben: Stefan Lochner „Madonna mit dem Veilchen", kurz vor 1450

Intregrierte Mauerteile der der zerstörten St. Kolumba Kirche als das „lebende Museum"

Der Kölner Dom

Der gotische Dom wurde zum steinernen Schrein der Heiligen Drei Könige. Reinald von Dassel brachte den Reliquienschatz nach dem Sieg Kaiser Barbarossas über die lombardischen Städte – darunter Mailand – als kostbare Kriegsbeute am 23. Juli 1164 in seine Bischofsstadt Köln. Ab 1181 entstand der Dreikönigenschrein des Nikolaus von Verdun. Auf den Längsseiten sieht der Betrachter Propheten und Apostelfiguren. Die Stirnseite besteht aus purem Gold, gestiftet von Kaiser Otto IV. Im Dreiecksfeld der Schrein-Rückseite ist Reinald von Dassel dargestellt, auch Szenen der Passion Christi sowie die Märtyrersoldaten Felix und Nabor. Gemmen oder Kameen, Edelsteine und feine Emaillearbeiten überziehen das herrliche Gehäuse mit schimmerndem Glanz und machen es zur kostbarsten Goldschmiedearbeit des hohen Mittelalters. Mit den Heiligen Drei Königen wird vorrangig die Suche nach Christus symbolisiert. Von diesem Gedanken beseelt, kommen seit Jahrhunderten bis heute unzählige Wallfahrer aus allen Erdteilen nach Köln. Erzbischof Konrad von Hochstaden legte am 15. August 1248 den Grundstein des Gotischen Doms, der 1998 Weltkulturerbe wurde.

The Cologne Cathedral

The Gothic Cathderal is the stone shrine of the Three Wise Men. Reinald von Dassel brought their relics to Cologne on 23rd July 1164 as precious spoils of war following Emperor Barbarossa's victory over the Lombard cities, including Milan. Nicolas of Verdun worked on his Shrine of the Three Wise Men starting 1181. The long sides are decorated with figures of the Prophets and Apostles. The front end is pure gold, donated by Emperor Otto IV. The triangular section on the back of the shrine carries an image of Reinald von Dassel, and also scenes from Christ's Passion and the martyred soldiers Felix and Nabor. The magnificent shell is covered with lustrous, shining cameos, gems and beautiful enamelwork, perhaps the finest and most exquisite example of goldsmith's art in the High Middle Ages. The Three Wise Men symbolise the search for Christ. Inspired by this thought, countless pilgrims have made their way to Cologne down the ages from all over the world. Archbishop Konrad von Hochstaden laid the Gothic Cathedral's foundation stone on 15th August 1248; in 1998 it was declared a world cultural heritage site.

La cathèdrale de Cologne

Le 23 juillet 1164, l'archevêque Reinald von Dassel rapporta à Cologne les reliques des trois Rois Mages, prises comme butin de guerre, après la victoire de l'empereur Barberousse sur les villes lombardes, dont Milan. Depuis cette époque,ces reliques, enfermées dans une châsse somptueuse, réalisée vers 1181 par Nicolas de Verdun, constituent le trésor le plus précieux du Dom. Des prophètes et des apôtres décorent ses faces longitudinales; les parties frontales, en or massif, sont une donation de l'empereur Othon IV. Reinald von Dassel, des scènes de la Passion du Christ et du martyre des soldats Félix et Nabor sont représentes sur la face arrière. Le reliquaire étincelant de camées, d'émaux et de pierres précieuses, est une des œuvres d'orfèvrerie majeures du haut moyen-âge. Depuis des siècles, des millions de pèlerins, du monde entier, sont venus se recueillir devant les reliques des Rois Mages qui symbolisent la « recherche de Dieu » Le 15 août 1248, l'archevêque Konrad von Hochstaden posa la première pierre du Dom de Cologne qui devenait patrimoine culturel mondial en 1998.

Reinald von Dassel

Modell des unvollendeten Doms um 1570

Model - the unfinished cathedral (c.1570) · Maquette de la cathédrale inachevée, vers 1570

An gleicher Stelle wie der heutige Dom stand die karolingische Vorgänger-Kirche (geweiht 870), die 1248 teilweise niederbrannte. Der Dreikönigenschrein und das Gerokruzifix waren damals gefährdet. Beide Kunstwerke von europäischem Rang konnten 1322 in den vollendeten Chor des gotischen Doms gebracht werden. Danach wurden nur noch Teile des Langhauses begonnen und provisorisch gedeckt, die Fundamente zum Nordturm gelegt, der Südturm bis zur Glockenstube hochgezogen. Vor dem Ostchor sieht man im Modell die 1817 niedergelegte Kirche St. Maria ad Gradus.

The site of the present Cathedral was formerly occupied by the Carolingian Hildebold Cathedral, consecrated in 870. It was partially destroyed by fire in 1248. The Shrine of the Three Wise Men and the Gero Crucifix were under threat. In 1322 these two European works of art were rehoused in the completed chancel. But soon afterwards, building work dwindled to a standstill, though in fact parts of the nave and side aisles were started and temporarily roofed, the foundations were laid for the North Tower, and the South Tower was erected as far as the belfry.

Le Dom s'élève sur l'emplacement d'une cathédrale carolingienne, édifiée sous l'archevêque Hildebold, consacrée en 870 et partiellement incendiée en 1248. Néanmoins, en 1322, ses deux trésors, la châsse des Rois Mages et le crucifix de Géro, reprenaient leur place dans le chœur reconstruit. Mais les travaux se poursuivirent très lentement. Une partie de la nef fut reconstruire et couverte provisoirement. Les fondations de la tour nord furent également posées et la tour sud élevée jusqu'au clocher. Devant le chœur est, se trouve une maquette de l'église Marie ad Gradus qui n'existe plus.

Der Dreikönigenschrein im Kölner Dom, die größte Goldschmiedearbeit des Mittelalters in Europa

The Cathedral's Three Kings' Shrine, he largest piece of gold work of the European Middle Ages · Châsse des Rois Mages dans la cathédrale

Bildausschnitt aus dem Dreikönigsschrein im Kölner Dom

Detail of the Three Kings' Shrine · Détail de la châsse des Rois Mages, le plus grand travail d'orfèvrerie en argent doré du Moyen Âge en Europe

Der Kölner Dom von der Südseite

Cologne Cathedral – South Side · Façade sud de la cathédrale de Cologne

Endgültig wurden die Arbeiten am Dom 1560 eingestellt. Die Geldquellen waren erschöpft. Auch war die mittelalterliche gotische Baukunst nicht mehr gefragt. Der Zeitgeist suchte die Antike in der Kunst sowie im Lebensgefühl. Diese geistige Umkehr wurde „Renaissance" genannt. Eine Rückbesinnung auf Gewesenes brachte erst wieder die Romantik zu Beginn des 19. Jahrhunderts. Noch immer war der Kölner Dom ein Torso. Erst am 4. September 1842 legte Friedrich Wilhelm IV. von Preußen den Grundstein zum Weiterbau. Im Oktober 1880 konnte die Vollendung des gotischen Doms weltweit gefeiert werden.

Building work ceased completely in 1560. Funds had run out. Also, medieval Gothic architecture was no longer in demand. The spirit of the age wanted a return to the ancients, in art and in consciousness. "Renaissance" was the name given to this era. It was not until the age of Romanticism at the beginning of the 19th century that thoughts again turned to what had been achieved so far. The Cathedral was still a torso. Not till 4th September 1842, when Emperor Frederick William IV of Prussia laid a new foundation stone, did building work resume. In 1880 the completion of the Gothic Cathedral was celebrated all over the world.

La construction de la cathédrale fut finalement interrompue en 1560. Outre la pénurie d'argent, le style gothique n'était plus en vogue. La Renaissance guidait désormais l'esprit de l'époque, y compris l'architecture. Au début du XIXe siècle, le romantisme fit resurgir des valeurs anciennes, également dans les arts. Le 4 septembre 1842, Frédéric-Guillaume IVe de Prusse posait la première pierre symbolisant la reprise de l'édification de la cathédrale gothique qui fut définitivement achevée en octobre 1880.

Dom, Blick durch das Langhaus

Cathedral, view of the nave · Cathédrale, vue de la nef principale

Zu den ältesten Glasgemälden zählt das berühmte „Bibelfenster" im Chorumgang. Besonders sehenswert ist der Fensterzyklus, den König Ludwig I. von Bayern 1848 dem Dom schenkte (im südlichen Seitenschiff). Weniger bekannt, doch von größerem kunsthistorischen Gewicht sind die Glasgemälde im nördlichen Seitenschiff mit den antiken Stadtheroen Marcus Vipsanius Agrippa und Marsilius (um 1508). Die Fenster entsprechen den jeweiligen Epochen mit ihrem zeitgenössischem Anspruch bis in die Neuzeit, wie das Fenster von Gerhard Richter 2007. Der eindruckvollste Blick durch das Dominnere bietet sich beim Eintritt durch das Hauptportal (Westseite).

The "Bible window" in the ambulatory is one of the oldest stained glass paintings. Also of particular note are the windows donated to the Cathedral by King Ludwig of Bavaria in 1848. Less well-known, but more important in art history terms is the glasswork in the north side aisle with the ancient local heroes Marcus Vipsanius Agrippa and Marsilius (1508). The windows reflect the contemporary taste of past epochs, bringing them into the modern age, like the window from Gerhard Richter from 2007. The best view of the interior you have from the west (main entrance).

Le célèbre « vitrail de la Bible » dans la galerie du chœur date d'environ 1290. Les vitraux des bas-côtés droits (sud) furent offerts en 1848, par le roi Louis Ile de Bavière et ceux des bas-côtés (nord), exécutés vers 1508, représentent Marcus Vipsanius Agrippa et Marsilius, héros du Cologne romain. Les styles des vitraux correspondent à diverses périodes artistiques, jusqu'aux vitraux de l'époque moderne, dont le vitrail de Gerhard Richter, dévoilé en 2007. La plus belle vue de l'intérieur de la cathédrale s'offre depuis le portail principal, sur le côté occidental.

Barocke Bildteppiche nach Entwürfen von Peter Paul Rubens

Baroque Tapestries based on designs by Peter Paul Rubens · Tapisseries baroques d'après une oeuvre de Peter Paul Rubens

Von der einstigen Barockausstattung des Domchores ist nur noch wenig vorhanden. Dazu gehören die Bildteppiche nach den Entwürfen von Peter Paul Rubens. Sie wurden in einer Brüssler Manufaktur von Frans van der Hecke hergestellt. Dargestellt ist der „Triumph der Eucharistie". Mit den Teppichen sollten die gotischen Malereien an den Chorschranken verdeckt werden. Nachdem sich der Geschmack änderte, gerieten sie bis 1954 in Vergessenheit. Die Teppiche hängen nur wenige Wochen im Dom, weil sie sonst zu schnell durch Umwelteinflüsse zerstört würden.

Little of the cathedral choir's former Baroque interior survives today. Among the remains are the tapestries based on designs by Peter Paul Rubens. They were produced in the Brussels workshop of Frans van der Hecke. The works represent the "Triumph of the Eucharist". The tapestries were hung to hide the gothic paintings on the choir screen, which, covered up due to changing tastes, were forgotten about until 1954. The Tapestries hang for only a few weeks a year in the cathedral, because they would quickly be destroyed by the building's environment.

Il ne reste que quelques éléments de l'ancien aménagement baroque de l'autel de la cathédrale, dont les magnifiques tapisseries fabriquées par Frans van der Hecke dans une manufacture bruxelloise d'après une œuvre de Peter Paul Rubens. Les tapisseries figurent « Le triomphe de l'Eucharistie ». Les tapisseries étaient destinées à l'origine à dissimuler les peintures gothiques du mobilier de l'autel. Mais les goûts changèrent de nouveau et elle tombèrent dans l'oubli jusqu'en 1954. Elles ne sont suspendues que quelques semaines par an pour éviter une trop longue exposition à la pollution atmosphérique.

Stephans Lochners Dombild der Stadtpatrone

Stephan Lochner's Patron Saint Altarpiece · Dombild, triptyque figurant les patrons de la ville, œuvre de Stephan Lochner

Stephan Lochners „Dombild" mit Anbetung der Heiligen Drei Könige sowie den Kölner Stadtheiligen Ursula und Gereon war eigentlich nicht für den Dom geschaffen. Lochner († 1451) malte es im Auftrag des Kölner Rates für die Ratskapelle, wo es auch Albrecht Dürer 1520 auf seiner niederländischen Reise kennenlernte. Lochner kam aus der süddeutschen Kunstlandschaft. Er wanderte nach Köln und wohnte im Pfarrbezirk von St. Alban. Sein aufwendiges Domizil mit Werkstatt und Wohntrakt lag nahe der Schildergasse, der Gewerbestraße der „Schildermaler", die hier ihre Ateliers hatten.

Stephan Lochner's "Cathedral Painting" shows the Adoration of the Three Wise Men and the city's patron saints, Ursula and Gereon. It was in fact not originally intended for the Cathedral. Lochner († 1451) was commissioned by the city council who wanted the painting for their chapel. This is where Albrecht Dürer saw it in 1520 on his journey to Holland. Lochner came from the artistic world of southern Germany. He eventually found his way to Cologne and lived in the parish of St Alban. The extensive building he chose to settle in housed both his atelier and residential accommodation.

Le « Dombild » (tableau de la cathédrale) représente les principaux patrons de Cologne: les Rois Mages, sainte Ursule et saint Géréon. Il fut créé par Stephan Lochner vers 1440 pour la chapelle de l'hôtel de ville où Albrecht Dürer l'admira en 1520. Le plus fameux triptyque de l'école de Cologne (XIVe au XVIe siecle) n'est dans la cathédrale que depuis 1809. Lochner était originaire du sud de l'Allemagne. Il vint s'installer à Cologne, dans la paroisse de Saint-Alban qui est aujourd'hui la zone piétonnière de la ville. Son domicile se trouvait près de la Schildergasse.

Der Agilolphus-Altar im Dom (um 1520)

The Agilolphus Altar (c.1520) at the Cologne Cathedral · Retable de Saint-Agilolphe (vers 1520) dans la cathédrale

Der Dom-Hauptaltar steht heute als modernes Kunstwerk in der Vierung. Immer noch existiert der mittelalterliche Hochaltar (1322) mit reichem Figurenschmuck im Dom-Binnenchor vor dem Dreikönigenschrein. Als Nebenaltäre des Doms sind der Agilolphus- und Klarenaltar hervorzuheben. Der Agilolphus-Altar von 1520 zeigt in feiner Holzschnitzarbeit Bilder aus der Lebensgeschichte des Heilands und steht im südlichen Querhaus. Die bemalten Altarflügel des Klarenaltars stammen aus unterschiedlichen Schaffensperioden der Kölner Malerschule (1300-1500) im nördlichen Seitenschiff.

The Cathedral's main altar today is a modern work of art in the crossing. The richly decorated medieval high altar of 1322 stands in the inner chancel in front of the Shrine of the Three Wise Men. Two side altars of note are the Agilolphus altar and the Clara altar. The former, located in the southern transept, dates from 1520 and its delicate wood carvings depict scenes from the life of Christ. The paintings on the wings of the Clara altar date from various periods of the Cologne school.

Le maître-autel, œuvre d'art moderne, se dresse dans la croisée du transept, à la place de l'ancien autel en marbre noir (vers 1322) qui existe toujours. Deux des autels auxiliaires de la cathédrale sont particulièrement remarquables: l'autel de Saint Agilolphe, réalisé à Anvers en 1520, et l'autel de Claren. L'autel de Saint-Agilolphe qui se dresse dans la croisée sud, est surmonté d'un admirable retable richement sculpté, représentant des scènes de la vie de Jésus. Les panneaux peints de l'autel de Claren proviennent de diverses périodes de l'école de Cologne (1300-1500)

Der Heilige Christophorus, Schutzpatron der Reisenden, steht an einem Pfeiler im südlichen Querhaus. Um 1470 schuf Meister Tilman diese stämmige Figur. Von Erzbischof Gero in Auftrag gegeben, gehört das Gero-Kruzifix zu einer der ersten monumentalen Darstellungen des Gekreuzigten der abendländischen Kunst. Die Mailänder Madonna (um 1280) verkörpert in hoheitsvoller, eleganter Linienführung und Körperhaltung den Idealtyp der Dame des Mittelalters. Die Marienverehrung bewegte fromme Wallfahrer zu Dankesgaben an die „Schmuckmadonna" mit dem Jesuskind.

Saint Christopher, the patron saint of travellers, stands on a pillar in the southern transept. The sturdy figure was created by Master Tilman around 1470. The Gero Crucifix, commissioned by Archbishop Gero, is one of the earliest monumental portrayals of the crucifixion of Christ in Western art. The Milanese Madonna (circa 1280) with her majestic poise and elegant stance embodies the medieval ideal of a lady (photo bottom left). The Adoration of the Virgin Mary prompted pious pilgrims to leave gifts as expressions of thanks to the Mother of God in front of the baroque mausoleum of the Three Wise Men in the north transept.

La statue de saint Christophe, accolée à un pilier de la croisée sud, fut réalisée vers 1470 par maître Tillman. Dans la chapelle de la Sainte-Croix, le Crucifix de l'archevêque Géro (Xe siècle) est une des premières œuvres monumentales de l'art occidental. La Madone de Milan (vers 1280) empreinte de dignité et d'élégance, incarne l'idéal de beauté féminine du moyen-âge (photo en bas à gauche). La statue de la Vierge très vénérée se dresse devant le mausolée baroque des rois Mages, dans la croisée nord. Son manteau est richement orné de bijoux offerts par les pèlerins, au cours des siècles (photo en bas à droite).

△ Hl. St. Christophorus / St Christopher / Saint-Christophe
▽ Mailänder Madonna / Milanese Madonna / Madone de Milan

△ Gero-Kruzifix / Gero Crucifix / Croix de Géro
▽ „Schmuckmadonna" mit dem Jesuskind / Decorative Madonna

Groß- Sankt-Martin in der Altstadt, dahinter der Rathausturm

Tour of the Cologne's Romanesque churches – The Great Saint Martin · Circuit des églises romanes de Cologne – Saint-Martin-le-Grand dans l' Altstadt

Groß-Sankt-Martin, Blick in die Ostapsis des Hauptschiffes

Great Saint Martin, View of the nave's eastern apse · Saint-Martin-le-Grand, vue sur la nef centrale et l'abside est

Köln ist weithin bekannt als die Stadt der „Romanischen Kirchen", von denen wir nachfolgend die bedeutendsten vorstellen. Hierbei handelt es sich um den sogenannten rheinischen Übergangsstil im großen Jahrhundert der Kölner Kirchenbauten zwischen 1150 und 1250. Aufgipfelnde Türme mit „Zwerggalerie" und „Plattenfries" sind dabei neue Stilelemente, an die Stelle der Flachdecke treten Wölbung und Kuppel. Mit der Grundsteinlegung zum gotischen Dom zieht, am 15. August 1248 endgültig die Gotik ein.

Cologne is well known as the city of Romanesque churches. Strictly speaking, we are talking in art historic terms about the Rhenish transition style in the great century of church-building in Cologne that started in 1150 and continued until 1250. Towers with miniature galleries and slab moulding were two new stylistic elements. Vaulted arches and domes replaced the former flat ceilings. The rich decoration and intricate architecture merges into Gothic style. The foundation stone of Cologne's Gothic Cathedral dates from this period.

Cologne est connue pour son chapelet d'églises romanes. Or, en histoire de l'art, ces églises sont plus précisément de style transitoire rhénan. Construites entre 1150 et 1250, elles montrent des éléments nouveaux tels que des tours pointues, des galeries, des voûtes d'ogives et des coupoles au lieu des surfaces plates romanes. La richesse des aménagements intérieurs et des lignes architecturales annonce le gothique. C'est à la fin de la période rhénane que fut posée la première pierre de la cathédrale, le 15 août 1248.

St. Kunibert am Rhein, die jüngste der zwölf romanischen Kirchen

St. Kunibert am Rhein, youngest of 12 Romanesque Churches · Saint-Kunibert sur le Rhin, la plus récente des douze églises romanes

Einen weitere der zwölf romanischen Basiliken liegt auch nahe dem Rhein, nördlich der Altstadt. St. Kunibert ist die letzte und reifste Schöpfung der noch existierenden romanischen Kölner Kirchen. 1247 wurde sie geweiht – ein Jahr vor der Grundsteinlegung des Domes. Höhepunkt der künstlerischen Ausstattung zu St. Kunibert ist die monumentale Verkündigungsgruppe im Chorbereich (um 1439). 1220 bis 1230 entstanden für den Chor leuchtende Fenster, die dem Innenraum eine ganz besondere Leuchtkraft und Leichtigkeit verleihen und den filigranen Chor stilvoll betonen.

St Kunibert is the last, most mature creation among the twelve remaining Romanesque churches in Cologne. It was consecrated in 1247 – one year before the foundation stone of the Gothic Cathedral was laid. St Kunibert's interior showpiece in artistic terms is the monumental group in the chancel area (1439). The stained glass in the chancel, dating from 1220-1230, is of great historical interest and very high quality. Created between 1220-30, the bright window of the choir lent the interior a special luminosity and lightness, and stylishly emphasises the intricacy of the Choir.

Saint-Kunibert est la dernière et la plus « parfaite » des douze églises romanes que renferme encore Cologne. Elle fut inaugurée en 1247, un an avant la pose de la première pierre de la cathédrale gothique. L'admirable groupe de l'Annonciation, adossé à un pilier près du chœur, fut réalisé vers 1439. Les vitraux lumineux du choeur datent de 1220 à 1230. Ils confèrent une admirable clarté à l'intérieur de l'église et rehaussent la légèreté et la délicatesse du chœur.

Kindersegen soll er versprechen, das sagt man von dem Brunnen, der unter dem Chor in einer Krypa liegt. Frauen die davon getrunken haben, sollen fruchtbarer gewesen sein. Das käme wohl davon, erzählte man sich, dass auf dem Grund des Brunnens die Gottesmutter und die Seelen der ungeborenen Kinder Kölns in paradiesischer Umgebung spielen. Somit war man nur ein waschechter Kölner, wenn man mit dem Wasser aus dem Pütz (Brunnen) des St. Kunibert getauft worden war.

Blessings for children should be said at the well that lies in the Crypt under the Choir. Women who drink the well's waters are reported to become more fertile, because the Mother of God and the souls of Cologne's unborn children apparently play at the bottom of the well in paradisiacal surroundings. It is said that you are only a true citizen of Cologne if you have been baptised with the water from the well of St. Kunibert.

La fontaine située dans la crypte sous le choeur apporte le bonheur d'enfanter. On dit que les femmes qui en boivent tombent vite enceintes. Cela viendrait de ce que la Vierge Marie et les âmes des enfants colonais pas encore nés jouent dans un endroit paradisiaque tout au fond de la fontaine. Pendant longtemps, on ne pouvait être un vrai Colonais que si l'on avait été baptisé enfant avec de l'eau provenant du « Pütz » (fontaine en colonais) de la basilique Saint-Kunibert.

Maria im Kapitol, die größte der romanischen Kirchen in Köln mit dem Dreikönigenpförtchen
Maria im Kapitol, Cologne's largest Romanesque church · Sainte-marie-au-Capitole, la plus grande église romane de Cologne

Ein unbekannter Meister schuf für St. Maria im Kapitol (geweiht 1065) einen Trikonchos nach dem Urbild der Geburtskirche in Bethlehem. Das Westwerk wurde zur „Kaiserempore" nach dem Vorbild der Aachener Pfalzkapelle. Auch San Vitale in Ravenna mag hierfür Pate gestanden haben. Im Innern birgt die Kirche, erbaut über dem römischen Kapitoltempel, große Kostbarkeiten wie die romanischen Holztüren (1065), die Trennwand zum Binnenchor (Lettner, um 1525) und das Pestkreuz (1304). Das Dreikönigenpförtchen (um 1430) war früher der Zugang zum Stiftsbezirk.

An unknown master craftsman created a cloverleaf-plan church for St Mary in the Capitol (consecrated 1065), following the model of the Church of Nativity in Bethlehem. The west end has an Emperor's Gallery, as in the imperial chapel in Aachen. It may also have been modelled on San Vitale in Ravenna. The interior of the church, built on the site of the Roman Capitol temple, houses great treasures: the Romanesque wooden doors (1065), the magnificent rood screen (1525) and the Plague Cross (1304). The Epiphany Gate (1430) was once the access to the convent.

Un maître inconnu réalisa le chœur triconque (en feuille de trèfle) – d'après le modèle de l'église de Béthléem – de Sainte-Marie-au-Capitole, consacrée en 1065. Le massif occidental ressemble à celui de l'église de Charlemagne à Aix-la-Chapelle qui à son tour est imitée de San Vitale à Ravenne. L'église, bâtie sur l'emplacement du temple romain du Capitole, renferme de nombreuses œuvres précieuses dont une magnifique porte romane (1065), un jubé Renaissance superbe (vers 1525) et un Christ bouleversant sur la Croix de la Peste (1304). La porte des Rois Mages date d'environ 1430.

St. Aposteln am Neumarkt, die große Dreikonchenanlage mit den halbrunden Apsiden
St. Aposteln am Neumarkt with the three-sided apse · Saints-Apôtres au Neumarkt, grand choeur triconque

Anstelle einer unscheinbaren Vorgängerkirche begann Erzbischof Pilgrim (1021-36) mit dem zum Teil heute noch existierenden Bau der romanischen Apostelkirche am Neumarkt. Der Westturm, von den Kölnern seiner ungewöhnlichen Mächtigkeit wegen „Apostelklotz" genannt, kam zur Mitte des 12. Jahrhunderts hinzu. Zwischen 1988 und 1993 wurde die Kirche mit modernen Fresken in den Chorgewölben ausgemalt. Sie haben die Johannes-Visionen seiner „Apokalypse" zum Thema. Kostbare Apostelfiguren (um 1330) stehen im neugestalteten Altarraum.

Archbishop Pilgrim (1021-36) began the Romanesque Church of the Apostles, parts of which are still there today on the Neumarkt, to replace a modest church previously on the site. The west tower, called the "Apostles' Block" by the local people on account of its unusual proportions, was added in the middle of the 12th century. When the church was rebuilt after World War II, the vaults in the chancel were decorated with modern frescoes showing St John's vision of the Apocalypse. The re-designed sanctuary has some precious figures of the apostles (1330).

L'archevêque Pilgrim fit ériger l'église des Saints-Apôtres (1021-36) sur l'emplacement d'un sanctuaire du IXe siècle. La massive tour occidentale, qui s'élève au fond du Neumarkt, la place centrale de Cologne, fut ajoutée au milieu du XIIe siècle. Lors de sa restauration, après la seconde guerre mondiale, l'église romane fut dotée de fresques d'art contemporain représentant les visions d'apocalypse de Jean. Les statuettes des douze apôtres, qui décorent la chapelle moderne, furent réalisées vers 1330.

St. Gereon mit dem Kern eines spätantiken Konchenovalbau, Mitte des 4. Jahrhunderts

St. Gereon with the core of a late antique oval apse (mid-4th-century) · Saint-Géréon, bâtie au milieu du IVe siècle autour d'une rotonde paléochrétienne

St. Gereon mit der größten Kuppel ihrer Zeit (1227)

St. Gereon, with the largest Dome of its era (1227) · Saint-Géréon, la plus grande coupole de son temps (1227)

Der Märtyrer Gereon ist Namenspatron. Mit ihm weigerten sich – so die Legende – 318 römische Soldaten vor dem römischen Kaiser, ihrem christlichen Glauben abzuschwören und erlitten den Märtyrertod. In der Spätantike wurde mit dem Bau der Kirche über einem römischen Gräberfeld begonnen. Während des 12. und 13. Jh. kamen zum ovalen Urbau Krypta und Hochchor dazu. Zwischen 1219 und 1227 wurde der älteste Teil als Dekagon (Zehneckbau) umgestaltet und mit einer mächtigen Kuppel geschlossen. Die großartige Architektur ist ein bedeutendes Zeugnis der Spätantike.

The marytr Gereon is the patron saint of this church. He and 318 Roman soldiers refused to renounce their Christian faith before the Roman emperor and died a martyr's death. In the closing period of the ancient world, construction of the church began on the site of a Roman burial ground. A crypt and chancel were added to the original oval-shaped building during the 12th and 13th centuries. Between 1219 and 1227 the oldest part was redesigned as a decagon and completed with a vast dome. The architecture is an important example of late-antique design

L'église porte le nom du martyr Géréon qui fut égorgé avec 318 soldats de sa légion pour avoir refusé de renier la foi chrétienne devant l'empereur romain. L'église initiale en forme de rotonde décagonale fut édifiée par l'impératrice Hélène, mère de Constantin, sur les lieux du martyre de Géréon. Aux XIIe et XIIIe siècles, elle fut ensuite agrandie vers l'Est d'un chœur étiré et d'une crypte. Entre 1219 et 1227, on suréleva le décagone qui fut ensuite recouvert d'une coupole. L'admirable architecture est un témoin significatif de l'Antiquité tardive.

St. Cäcilien mit dem heutigen Museum Schnütgen für christliche Kunst des Mittelalters

St. Cecilia with the Schnütgen Museum of medieval Christian art · Sainte-Cécile abrite le musée Schnütgen d'art chrétien du Moyen Âge

Das Museum Schnütgen trägt den Namen des Sammlers und Mäzens Domkapitular Alexander Schnütgen und nimmt unter den Kölner Museen eine Sonderstellung ein. Seine Schätze der mittelalterlichen sakralen Kunst werden in einem Kirchenraum präsentiert und zwar in St. Cäcilien, errichtet vor allem in romanischer Zeit zwischen 1130 und 1160 mit sehr frühen gotischen Wandmalereien. Das Bogenfeld über dem Portal (um 1160) zeigt eine Darstellung der Kirchenpatronin, flankiert von Valerian und Tibertius, die frühen Versuche die Außenfassade der Kirche figürlich zu schmücken.

Museum Schnütgen is named after the collector and patron of the arts, Canon Alexander Schnuetgen, and holds a special place among the museums of Cologne. Its precious medieval sacred works of art are exhibited in a church, St Cecilia, largely built in the Romanesque period between 1130 and 1160. The typanum above the entrance (1160) depicts the church's patron, flanked by Valerian and Tibertius. There were also early attempts to decorate the church's exterior with figures. The interior has a quite unique atmosphere.

Le musée est nommé d'après Alexandre Schnütgen, collectionneur, mécène et chanoine du Dom. Il a une place particulière parmi les musées de Cologne: ses trésors d'art médiéval, notamment des instruments de culte, sont exposés dans l'église Sainte-Cécile qui ne sert plus au culte que lors de la fête de sa patronne et le jour de Noël. L'église fut érigée de 1130 à 1160, durant des Romanesque. Le tympan du portail représente Sainte Cécile, flanquée de Valerian et Tibertius. Ces motifs sont une des premières tentatives de décoration de façades d'églises de cette époque.

Auf dem Pantaleonshügel entdeckten die Archäologen eine römische „villa suburbana", deren Bodenheizung in der Krypta konserviert wurde. Wann es den ersten christlichen Kultbau gab, bleibt ungewiss. Erzbischof Bruno gründete die Benediktinerabtei und begann mit dem Bau der Saalkirche, die um das Jahr 1000 n. Chr. durch das Westwerk erweitert wurde. Kaiserin Theophanu war die Stifterin. Dreischiffig vergrößert, mit Querhaus und Chor im Osten, besitzt St. Pantaleon als Chortrennwand einen feingegliederten, spätgotischen Lettner. Bruno und Theopanus liegen in St. Pantaleon begraben.

On the site of the church, archaeologists discovered a Roman "villa suburbana", whose floor heating has been preserved in the crypt. When the first Christian sacred building was erected is unclear. Archbishop Bruno founded the Benedictine abbey and began constructing the one-aisled church, extended at the west end in about 100 AD. Empress Theophanu was the patron. Extended into a three-aisled building with a transept and chancel at the eastern end, St Pantaleon has an intricately structured late-Gothic rood screen.

Lors de fouilles dans le quartier, des archéologues découvrirent une « villa suburbana » romaine dont le chauffage au sol est conservé dans la crypte de l'église Saint-Pantaléon. On ignore la date de fondation du premier édifice chrétien. Vers 950, l'archevêque Bruno érigea une abbaye bénédictine et, grâce aux dons de l'impératrice Théophanou, commença la construction d'une église qui fut agrandie du massif occidental vers l'an mille. Saint-Pantaléon possède une nef majestueuse, large de 12,80 m, un transept et un chœur bâtis vers l'Est, et un admirable jubé de style gothique tardif.

St. Severin, erbaut an der römischen Gräberstraße (Via Appia), Grabstätte des römischen Poblicius

St. Severin, built on a roman burial road (Via Appia) · Saint-Séverin bâtie sur la voie des tombeaux romains (Via Appia)

St. Severin ist Kölnern als „Dom des Südens" vertraut. Unter ihm wurden antike Gräber (Nekropole) und Reste einer frühchristlichen Kirche aus dem vierten Jahrhundert freigelegt. Darüber steht die heutige Kirche. Sie wurde 1411 in mehreren Bauperioden mit dem Westturm vollendet. Bemerkenswert ist der Marmorfußboden im Hochchor (13. Jh.) sowie das dort erhaltene Chorgestühl der Stiftsherren (1260). Um den Heiligen Severin rankt sich ein Legendenzyklus mit vielen Tafelbildern. Vom ursprünglichen Schrein blieb eine Zellenschmelzscheibe aus dem 11. Jahrhundert erhalten.

St Severin is known to the local people as the Cathedral of the South. An ancient necropolis (burial ground) and remains of an early Christian 4th century church have been unearthed. The church of St Severin as we know it today was built in various stages and completed in 1411 with the construction of the west tower. The marble floor in the chancel (13th century) is of Especial note, as are the choir stalls of the founders (1260). The lifestory of St Severin is clouded in legend. An 11th century cloisonné remnant from the original shrine has been preserved.

Une nécropole romaine, paléochrétienne et franque ainsi que les vestiges d'une chapelle funéraire du IVe siècle furent découverts sous l'église Saint-Séverin, construite des XIe au XIIIe siècle et achevée avec l'édification de la tour occidentale en 1411. Le pavement en marbre (XIIIe siècle) et les stalles sculptées (1260) du chœur sont remarquables. Les tableaux illustrant des scènes de la vie de saint Séverin datent d'environ 1500. Le disque en or et en émail, représentant l'évêque Séverin, provient de la première châsse du saint et date du XIe siècle.

St. Maria Lyskirchen, die kleinste der romanischen Kirchen in Köln

St. Maria Lyskirchen, the city's smallest Romanesque church · Sainte-Marie-Lyskirchen, la plus petite des églises romanes de Cologne

In der Zeit vom 1210 bis 1220 wurde der heutige romanische Bau als dreischiffige Anlage erbaut. Ein Vorgängerbau ist urkundlich bereits 948 erwähnt. Bis heute sind die einzigartigen Gewölbefresquen aus dem 13. Jahrhundert erhalten. Eine Besonderheit ist das eigenwillige Portal an der Westfassade, welches mit einer Girlande gerahmt ist. Maria Lyskirchen nennt man auch die Schifferkirche, denn hier wird die spätgotische Schiffermadonna verehrt. Von den zwölf romanischen Kirchen in Köln war sie die einzige die ohne nennenswerten Schaden erhalten blieb.

The Romanesque, three-nave building we see today was built between 1210-20. A building existed on this site as far back as 948. The unique 13th-century frescoed vault has been beautifully preserved. A special feature is the Portal in the West Façade, which is framed by a very unusual sort of festoon. Maria Lyskirchen is also known as the seaman's church, because it plays host to the revered statue of "The Sailor's Madonna". Of Cologne's twelve Romanesque churches, it is the only one that has survived without significant damage.

La basilique à trois nefs actuelle fut bâtie entre 1210 et 1220 sur l'emplacement d'un sanctuaire documenté dès 948. Bien conservées jusqu'à aujourd'hui, les remarquables fresques des voûtes datent du XIIe siècle. Le portail de la façade occidentale est très particulier : il est entouré d'une guirlande originale. Sainte-Marie-Lyskirchen est aussi appelée l'église des bateliers car on y adore la Vierge des Bateliers, oeuvre de style gothique tardif. Des douze églises romanes de Cologne, elle est la seule à n'avoir subi que des dégâts minimes durant la Deuxième Guerre mondiale.

Produktionen von Filmen, Shows, Serien, Soaps und Nachrichten am laufenden Band: v.l.n.r. - „Daheim und Unterwegs" – WDR, Chart Show – RTL, Azubi Seminar – WDR, Cobra 11 Action – RTL

ZIETHEN-PANORAMA VERLAG
D-53902 Bad Münstereifel, Flurweg 15
www.ziethen-panoramaverlag.de

Neuauflage 2012

Redaktion und Gestaltung: Horst Ziethen

Kapiteltexte u. kulturhistorische Texte.:
Dr. Max-Leo Schwering

Bildtexte: Anette Ziethen
(Seite: 6,12-15 teilw., 26-57, 63, 64, 70, 71, 82)

Englischübersetzung: Dr. Gwendolen Webster, Jonathan Andrews
Französischübersetzung:
France Varry, Leila Schenkelberg

Produktion: Ziethen-Panorama Verlag GmbH

Printed in Germany

Bildnachweis / Table of sources / Indication de la soucre:

Exclusiv-Fotografie (134 Fotos):
HORST ZIETHEN

Zusatzaufnahmen: **Seite**
Joachim Rieger 6, 5
Archiv WDR: 43B, 83A/Dominique Ecken, 83C/Ludolf Dahmer
Thinking Pixels, André Hünseler .... Hauptite
.... 46B+Klappe recht
Rheinisches Bildarchiv .... 56B, 57B+
Kölner Zoo 54B, 54
Ventur 72, 7
RTL .... 83B/Willi Weber+83D/Guido Engel

Fotografen der folgenden Seiten:
Das Luftbildarchiv Wennigsen: 3; Schapowalow/ Huber: 7; Fridmar Damm: 15(4); Dombauarchiv/Matz u. Schenk: 17; Michael Jeiter: 19; Wolfgang F. Meier: 20B; Aerophoto: 48; Klaus Barisch: 50A; Elke Wetzig: 51; KölnKongress: 52B; Lothar Hoppen: 54A, Elke Busse: 54C; Ladislaus Hoffner: 54D; Dirk Müller: 54E; Norbert Müller 56C Kolumba – Kunstmuseum des Erzbistums Köln: 57A; Archiv ZPV: 23, 80B

KARTE – **Umschlag linke Klappe innen** -
Kommunale Geodaten: Stadt Köln, Amt für Liegenschaften, Vermessung und Kataster, KT 84/2012

ISBN: 978-3-934328-36-5 – D-E-F